Barbara Kemmer | Frank Schmitt

111 Orte in Koblenz, die man gesehen haben muss

111

emons:

Bibliografische Information der Deutschen Nationalbibliothek
Die Deutsche Nationalbibliothek verzeichnet diese Publikation in der Deutschen Nationalbibliografie; detaillierte bibliografische Daten sind im Internet über http://dnb.d-nb.de abrufbar.

MIX
Papier | Fördert gute Waldnutzung
FSC® C083411

Layout: Eva Kraskes, nach einem Konzept von Lübbeke | Naumann | Thoben
Kartografie: altancicek.design, www.altancicek.de
Kartenbasisinformationen aus Openstreetmap,
© OpenStreetMap-Mitwirkende, ODbL
Druck und Bindung: CPI – Clausen & Bosse, Leck
Printed in Germany 2023
Erstausgabe 2018
ISBN 978-3-7408-1994-1
Aktualisierte Neuauflage April 2023

Vorwort

Römerstadt, Frankenstadt, Kurfürstenstadt, Franzosenstadt, Preußenstadt: Koblenz ist eine der ältesten Städte Deutschlands und hat entsprechend viele Geschichten zu erzählen. Aber nicht nur der Blick in die Vergangenheit ist interessant, sondern ebenso jener auf das Heute. Denn Koblenz ist auch eine moderne, bunte und verblüffende Großstadt, die Kultur- wie Naturliebhabern einiges zu bieten hat. Vieles, was die Stadt ausmacht, ist allseits bekannt, aber mindestens ebenso vieles gilt es, neu oder wieder zu entdecken.

Dieses Buch soll Ihnen bei eigenen Erkundungstouren hilfreich zur Seite stehen. Gegenstand der folgenden Seiten sind dabei insbesondere die verborgenen, vergessenen und seltsamen Orte wie Geschichten. Wobei diese nicht immer schön sein müssen, nein, sie können auch unansehnlich oder traurig sein. Denn dunkle, abgründige Seiten gehören auch zu dieser Stadt. Wissen Sie etwa, was den Kaiser um Kopf und Kragen gebracht hat? Wo sich der einsamste »Paradiesgarten« der Altstadt befindet? Was Hänsel und Gretel am preußischen Regierungsgebäude zu suchen haben? Dass der Bauwagen am Saarkreisel im Zeichen des Tierschutzes steht? Oder was es mit dem LMAA-Haus auf sich hat? Kennen Sie den Dichter mit dem schönen Schnurrbart am Rhein? Oder die Kirche, bei der erst Google Earth die Augen öffnet?

Auf unterhaltsame, informative, manchmal schmunzelnde Weise werden solche und viele andere in Stadt, Wald und Flur versteckte Plätze, Objekte, Gebäude, Schicksale und Anekdoten ins Auge gefasst und beschrieben. Die Auswahl der Orte ist zwangsweise subjektiv, die Fokussetzung persönlichem Gusto geschuldet. Wir hoffen, dass Sie sich durch die Lektüre inspiriert und animiert fühlen, sich immer wieder auf Entdeckungsreise in und um Koblenz zu begeben. In diesem Sinne: Halten Sie die Augen offen, denn es gibt viel zu sehen in dieser lebendigen, spannenden Stadt!

Barbara Kemmer & Frank Schmitt

111 Orte

4000 LB
IV
13388
14.10.44 LOT

1 Der Augenroller

Ritter, Tod und Teufel

Legenden sind ja mitunter das Salz in der Suppe des Lebens. Die Geschichte um den Augenroller ist da ein leuchtendes Beispiel. Das Relief mit dem seltsamen Namen, das ein männliches Antlitz mit weit aufgerissenen Augen zeigt, ist zugegebenermaßen kein Geheimtipp, aber eben eine echte Kuriosität. Der heutige Augenroller aus den 1960ern ersetzt das Original aus dem 18. Jahrhundert, das im Zweiten Weltkrieg beschädigt und später gestohlen wurde. Zu sehen ist das maskenartige Gesicht am Alten Kaufhaus am Florinsmarkt, unterhalb der Turmuhr. Nun ist das Spezielle daran, dass der Dargestellte seine Augen im Pendeltakt der Uhr hin- und herbewegt, zudem viertelstündlich frech die Zunge herausstreckt.

Man erzählt sich gern, das Bild zeige das Konterfei des Johann Lutter von Kobern, einst kurfürstlicher Vogt von Waldesch. Dieser entstammte einer alteingesessenen Adelsfamilie, die im heutigen Ortsteil Moselweiß ein Burghaus besaß. Das Leben des Vogts verlief in nicht ganz geordneten Bahnen: Sein unrühmliches Ende zumindest lässt darauf schließen. Im Mai 1536 wurde er der Wegelagerei und des Straßenraubs bezichtigt und angeklagt. Einer tatsächlich verübten Tat konnte er nicht überführt werden, aber die bloße Absicht genügte den Richtern, um das endgültigste aller Urteile zu fällen. Nach fünfmonatigem Prozess wurde Lutter von Kobern am 14. Oktober 1536 auf öffentlichem Platz in Koblenz hingerichtet. So viel zur realen Person und zum tatsächlichen Geschehen.

Die sich darum rankende Legende besagt nun, dass der Verurteilte vor seiner Enthauptung den Zuschauenden mittels teuflischer Fratzen und Augenverdrehen zu verstehen gab, was er von ihnen und der Rechtsprechung hielt. Und dies wiederum sei Vorbild für den Augenroller gewesen. Die Geschichte ist gut. Dass sie sich in der populären Form wohl erst im Laufe des 19. Jahrhunderts entwickelt hat, kann man da fast vergessen.

Adresse Florinsmarkt 15, 56068 Koblenz | **ÖPNV** Bus 1, 11, Haltestelle Altstadt/Kornpfortstraße | **Öffnungszeiten** frei zugänglich | **Tipp** Ein Besuch des Mittelrhein-Museums im seit 2013 bestehenden Forum Confluentes (Zentralplatz 1). Die kunst- und kulturhistorische Sammlung des Museums war bis zum Umzug dorthin unter anderem im Alten Kaufhaus am Florinsmarkt untergebracht.

2 Das Baedeker-Grab

Seine letzte Reise

Im historischen Teil des Koblenzer Hauptfriedhofs findet sich unweit des mittleren Eingangs an der Beatusstraße das Grab des erfolgreichen Verlegers und Autors Karl Baedeker. Umgeben von Farnen und niedrigen Grünpflanzen, stehen am Ort zwei schlichte, aufragende Steinblöcke gleicher Form, die an ihn und seine Frau Emilie sowie an weitere Familienangehörige erinnern.

Karl Baedeker wurde in eine alte Essener Buchdrucker- und Verlegerfamilie hineingeboren. Ab 1817 machte er eine Buchhändlerlehre in Heidelberg, wo er anschließend an der Universität Geisteswissenschaften studierte. Nach Militärdienst in Weimar und Arbeit als Buchhändler in Berlin eröffnete er im Juli 1827 eine Verlagsbuchhandlung in Koblenz. Bis 1872 hatte diese ihren Sitz in der Stadt an Rhein und Mosel: Dann verlegte Baedekers jüngster Sohn Fritz den Firmensitz nach Leipzig. Das einstige Familienunternehmen gehört heute zu 100 Prozent der Verlagsgruppe MairDumont.

Mit der Übernahme des Verlags seines in Konkurs gegangenen Kollegen Friedrich Röhling im Jahr 1832 stieg Karl Baedeker in das Reiseführergeschäft ein. Der wegen seiner Genauigkeit als »Erbsenzähler« geltende Verleger muss wahrlich ein kluger Mann gewesen sein: Er erkannte die Zeichen der Zeit und die lukrativen Möglichkeiten, die der im 19. Jahrhundert nach und nach wachsende Tourismusmarkt mit sich brachte.

Bekanntheit erlangte Baedeker auf diesem Feld insbesondere durch die praktischen Handbücher, die er ab Mitte der 1830er herausgab und für die er selbst ausgedehnte Rechercheireisen unternahm. Seit 1846 in den charakteristischen roten Einband gehüllt, stehen die handlichen Büchlein seit jeher für Übersichtlichkeit, Niveau, Genauigkeit und Aktualität. Der Name Baedeker wurde zum Synonym für verlässliche Reisebegleiter im Hosentaschenformat. Die Marke lebt bis heute fort – und damit im Stillen auch deren Begründer.

Adresse Beatusstraße 37, 56068 Koblenz | **ÖPNV** Bus 9, Haltestelle Hauptfriedhof | **Öffnungszeiten** Mo–So 7–20 Uhr (April–Sept.) oder 7–18 Uhr (Okt.–März) | **Tipp** Das ziemlich überwucherte Grabmal der bedeutenden Koblenzer Baumeisterfamilie Nebel, das am anderen Ende des Weges auf der linken Seite liegt (oberhalb der Einsegnungshalle).

3 Der Banküberfall

Geiselnahme am Schenkendorfplatz

In der Südstadt ereignete sich im Herbst 1982 ein aufsehenerregender Überfall auf die Sparkasse am Schenkendorfplatz. In die Räume der dortigen Bankfiliale drangen am 5. Oktober zwei bewaffnete Männer ein. Bei einem der Täter handelte es sich um einen ehemaligen Polizeibeamten. Dieser betonte nach der Festnahme, dass er davon überzeugt gewesen sei, dass man sie als »reine Vermögenstäter« einfach entkommen lassen würde.

Nur entwickelte sich alles anders als geplant. Denn aus einem Banküberfall wurde eine Geiselnahme. Neun Personen wurden über einen Zeitraum von fast 15 Stunden festgehalten. Um ein Fluchtfahrzeug zu erpressen, drohte einer der Räuber nach langen Verhandlungen damit, einer weiblichen Geisel ins Bein zu schießen. Ein junger Bankangestellter bot sich anstelle der Frau als Zielscheibe an: Detlef Becker, damals gerade 19 Jahre alt, erlitt daraufhin eine Schusswunde am Knie. Dann erst wurde den Gewaltverbrechern, die 1,2 Millionen D-Mark erbeutet hatten, mitsamt zweier Geiseln der Weg zum Fluchtauto freigegeben. Es folgte eine pannenreiche Verfolgungsjagd mit der Polizei. Schließlich konnten die Männer festgenommen werden. Sie wurden vor Gericht gestellt und verurteilt – wegen Mordes.

Denn Detlef Becker verstarb am 16. Oktober 1982 infolge der davongetragenen Schussverletzung an einer Lungenembolie. Für seinen selbstlosen Einsatz verlieh ihm der damalige rheinland-pfälzische Ministerpräsident Bernhard Vogel posthum das Bundesverdienstkreuz. Zur Erinnerung an den Getöteten wurde vier Jahre später eine Gedenktafel in der Hauptstelle der Sparkasse (Bahnhofstraße) installiert. Seit 2002 befindet sich diese im Verwaltungshochhaus der Bank am Wöllershof. Sie war nie öffentlich zugänglich, was verwundert. Am Schenkendorfplatz erinnert hingegen nichts mehr an das Geschehen. Warum die Tafel nicht dort für alle Augen sichtbar angebracht wurde, bleibt unklar.

Adresse Schenkendorfstraße 24, 56068 Koblenz | **ÖPNV** Bus 1, 3, 11, 13, Haltestelle Schenkendorfplatz | **Öffnungszeiten** frei zugänglich | **Tipp** Wer auf dem Laufenden bleiben will, kann im Landesbibliothekszentrum Rheinland-Pfalz (Bahnhofplatz 14) das breite Angebot an internationalen Tages- und Wochenzeitungen nutzen. Ältere Ausgaben werden archiviert und können zur Einsicht bestellt werden.

4 Die Bäume

Augustas Landschaftspark am Rhein

»Alle Pappeln hoch in Lüften, jeder Strauch in seinen Düften, alle sehn sich nach Dir um.« Mit diesen Worten beginnt das Gedicht, welches Goethe der ihm wohlbekannten Prinzessin Augusta von Sachsen-Weimar-Eisenach zu ihrem neunten Geburtstag schrieb. Ob er damals schon ahnte, welch innige Liebe die spätere Gemahlin von Wilhelm I., Königin von Preußen und Deutsche Kaiserin zur Pflanzenwelt entwickeln sollte? Am Koblenzer Schlosspark wie den Rheinanlagen, die Augusta zwischen 1856 und 1861 anlegen ließ, hätte der naturverbundene Dichter vermutlich seine wahre Freude gehabt.

Als Rheinanlagen werden heute die linksrheinischen Promenaden bezeichnet, die aus den Kaiserin-Augusta-Anlagen und dem Konrad-Adenauer-Ufer bestehen: Sie ziehen sich vom Oberwerther Schwanenteich bis zum Deutschen Eck. Der auf Augusta zurückgehende Park führte ursprünglich von der Oberwerther Brücke bis Höhe Stresemannstraße nördlich des Kurfürstlichen Schlosses. Die Entwürfe für den Schlossgarten wie die Uferanlage lieferte der preußische Gartenbaumeister Peter Joseph Lenné, bedeutender Interpret des englischen Landschaftsgartens. Eine Vielfalt an Bäumen, besonders Platanen, Rasenflächen und Buschgruppen charakterisieren den Park.

Die Vorliebe Augustas für exotische Bäume wird oft betont. Aber seit ihrem Tod ist viel passiert, und von der ursprünglichen Ausstattung der Gärten hat wenig überdauert. Das macht eine Beurteilung, wie es hier zu Augustas Zeiten aussah, etwas schwierig. Als einzig erhaltene Bäume aus der Entstehungszeit gelten die 17 Platanen vor dem Schloss. Daneben stehen noch ein paar Exoten im Schlossgarten und am Rheinufer, die etwa 120 Jahre zählen: vier Schnurbäume, eine Blauzeder und zwei Riesenmammutbäume (einer davon neben dem Görres-Denkmal). Insbesondere letztgenannte »Urviecher«, die in der kalifornischen Sierra Nevada beheimatet sind, überwältigen: Sie können über 2.000 Jahre alt werden!

Adresse Kaiserin-Augusta-Anlagen/Schlosspark, 56068 Koblenz | ÖPNV Bus 1, 6, 7, 8, 9, 10, 11, 21, Haltestelle Stadttheater/Schloss | Öffnungszeiten frei zugänglich | Tipp An den bedeutenden Gartenarchitekten Peter Joseph Lenné erinnert in Höhe Lennéstraße eine von Christian Daniel Rauch entworfene Büste. Direkt daneben steht passenderweise eine Tulpen-Magnolie: Lenné soll diese Bäume besonders gemocht haben.

5 Der Bauwagen

Zuhause für obdachlose Stadttauben

Die Taube gilt als Symbol für Frieden und Liebe. Die Stadttaube ist indes eher als Bausubstanzzerstörer und Krankheitsüberträger verschrien. Üble Vorurteile zeichnen ein verzerrtes Bild der intelligenten Vögel. Gern wird ignoriert, dass es sich bei den Städtern um verwilderte Haustiere handelt. Deren Vorfahren bewohnten noch Felswände. Da der Mensch aber Fleisch, Dung und Orientierungssinn der Taube nutzen wollte, züchtete er sie seinen Vorstellungen entsprechend. Massenhafte Nachkommen und extreme Standorttreue waren die Folge. Das menschliche Interesse schwand, und die abhängig gemachten Tiere waren sich selbst überlassen: Die Stadttaube war geboren. Diese besiedelt nun als Nischenbrüter keine Bäume, sondern an Felswände erinnernde Mauervorsprünge und Simse.

Selten erfahren die sozialen Wesen liebevolle Zuwendung. Für Nicole Merzbach war das der Grund, die Stadttaubenhilfe Koblenz-Neuwied ins Leben zu rufen, die sich für die Vögel einsetzt. So stellten die ehrenamtlichen Mitarbeiter im Mai 2016 einen ersten umgebauten Bauwagen am Saarkreisel auf, der bis zu 200 Tieren als Zufluchtsort dienen kann. Der Initiative geht es dabei um Versorgung und Pflege der Tauben sowie eine tierschutzgerechte Populationskontrolle. Man orientiert sich am »Augsburger Modell«: An kontrollierten Futterplätzen werden Körner und frisches Wasser bereitgestellt, kranke oder verletzte Vögel medizinisch behandelt sowie gelegte Eier gegen Attrappen ausgetauscht. Langfristig soll dies zu einer geringeren Vermehrung, einem gesunden Bestand und mehr Stadtsauberkeit führen.

Die Tiere verbringen nämlich etwa 80 Prozent des Tages in ihrem Schlag und setzen dort auch ihren Kot ab, der bei artgerechter Ernährung fest ist. Der angeblich zerstörerische Durchfall heißt nicht umsonst »Hungerkot«: Er ist Ausdruck von Fehl- und Mangelernährung, kurz: der Not. Was tun? Mehr Hirn und Herz wagen!

Adresse Saarkreisel (unter der B 9), 56068 Koblenz; bei weiterem Interesse an der Arbeit des Vereins oder im Tier-Notfall: Stadttaubenhilfe Koblenz/Neuwied e. V., Tel. 0174/8262942 oder 0174/8301709, www.stadttauben-koblenz-neuwied.de (aktuelle Informationen auch auf der Facebook-Seite des Vereins) | ÖPNV Bus 4, 6, 14, 16, Haltestelle Saarplatz | Öffnungszeiten nur von außen zu besichtigen | Tipp Das Haus des Straßenverkehrs (Moselring 11), das an einem der verkehrsreichsten Plätze der Stadt steht, ist ein noch erhaltenes Architekturrelikt aus der frühen Nachkriegszeit.

6 Die Beamtensiedlung

Gartenstadt auf dem Oberwerth

Der heutige Stadtteil Oberwerth verdankt seine Existenz der großflächigen Aufgabe der Festungsanlagen ab 1890 und der folgenden Stadterweiterung in westlicher wie südlicher Richtung.

Der nördliche Teil der einstigen Rheininsel Oberwerth wurde ab Anfang des 20. Jahrhunderts als Wohngebiet erschlossen. Dort findet sich neben frei stehenden Villen mit großzügigen Gärten aus jener Zeit die sogenannte Beamtensiedlung – eine in den 1910er und 1920er Jahren realisierte Wohnsiedlung mit schlichten, aber qualitätsvollen Reihen- und Doppelhäusern. Außerhalb der beengten Verhältnisse der Innenstadt, jedoch mit guter Anbindung, sollte sozial bessergestellten Beamten und Angestellten hochwertiger Wohnraum in guter Luft und Lage zur Verfügung gestellt werden. Konzeptuell war die Siedlungsplanung von der seinerzeit modernen Gartenstadtbewegung inspiriert.

Umrahmt von baumbestandenen Alleen, entstanden drei aneinandergrenzende Quartiere mit unterschiedlicher Bebauung. Ab 1912 begann der Beamten-Wohnungs-Verein (heute: Modernes Wohnen Koblenz eG) entlang der Bahntrasse zur Horchheimer Brücke mit der Realisierung der von den Architekten Ludwig Stähler und Fritz Horn stammenden Pläne. Bereits 1913 waren die ersten vier Gebäudekomplexe in der Sebastian-Bach-Straße bezugsfertig. Allerdings setzte der Erste Weltkrieg eine Zäsur. Erst 1925 konnten die begonnenen Arbeiten fortgesetzt und 1927 vollendet werden. Durch die verheerenden Luftangriffe auf Koblenz während des Zweiten Weltkriegs wurden viele der Gebäude zerstört, die später abgewandelt wiederaufgebaut wurden. Einige Häuser sind indes im Originalzustand erhalten und stehen unter Denkmalschutz.

Beim Flanieren lässt sich dem besonderen Charme der Siedlung nachspüren: Dieser liegt nun nicht so sehr in gestalterischen Details einzelner Bauten, sondern vielmehr darin, dass die Gartenstadtidee noch immer erkennbar ist.

Adresse Weberplatz 1, 56075 Koblenz (Rundgang: Sebastian-Bach-Straße, Schillerstraße, Richard-Wagner-Straße, Eichendorffstraße, Brahmsstraße, Goethestraße) | ÖPNV Bus 3, 13, Haltestelle Weberplatz | Öffnungszeiten nur von außen zu besichtigen | Tipp Ein größerer Spaziergang entlang der Oberwerther Straßen lässt zudem Blicke auf beeindruckende Villen aus der gleichen Bebauungszeit zu.

7_Die Brauerei

Auf eine Hopfenkaltschale am Königsbach

Linksrheinisch vor den Toren der Stadt liegt die Koblenzer Privatbrauerei samt Ausschank und Biergarten. Direkt am Produktionsort bietet sich die Möglichkeit, ein kühles Blondes mit Blick auf den Rhein zu genießen. Die Braustätte mit dem rund 72 Meter hohen Tankhochhaus lädt indes nicht nur zum Trinken ein: Auch die traditionsreiche Bierkultur sowie der komplexe Brauprozess können erkundet werden. Bereits seit Ende des 19. Jahrhunderts wird am Königsbach, der hier in den Rhein mündet, Gerstensaft hergestellt. Nach dem Bächlein war das lange Zeit unter Königsbacher firmierende Unternehmen auch benannt.

Der eigentliche Grundstein der Firma wurde schon im Jahr 1689 in der Koblenzer Altstadt gelegt – im nicht mehr existenten Haus Monreal am Eingang zur Braugasse. Dieses Ur-Brauhaus wurde samt Nachbargebäuden 1889 abgerissen und ersetzt. Es war Josef Thillmann, der nach dem Kauf der alten Brauerei in den 1880er Jahren die Produktion an den heutigen Standort verlegte und dem Kind einen neuen Namen gab: Königsbacher Brauerei AG.

Nachdem diese 1992 an den Unternehmensverbund der Karlsberg Brauerei gefallen war, ging sie zuletzt Anfang 2012 in lokale Privathände über. Es kam zu einer Neuausrichtung, die wiederum eine Namensänderung nach sich zog. Das nunmehr als Koblenzer Brauerei GmbH benannte Unternehmen brachte sogleich ein eigenes Bier auf den Markt: das Koblenzer. In der Braustätte am Königsbach soll aber auch weiterhin das Traditionsbier Königsbacher produziert werden, dessen Marken- und Vertriebsrechte derzeit bei der Bitburger Holding liegen. Was die Zukunft dieser Partnerschaft bringen wird, bleibt abzuwarten.

Tja, das Geschäft ist ein hartes und wechselhaftes. Dennoch erleben wir seit Jahren eine Bier-Renaissance, die insbesondere der »Craft«-Bewegung zu verdanken ist. Mögen auch die Kleinen und Kleinsten dauerhaft von dieser Entwicklung profitieren.

Adresse An der Königsbach 8, 56075 Koblenz | **ÖPNV** Bus 670, Haltestelle Königsbach | **Öffnungszeiten** Mo–So 11.30–22 Uhr, Biergarten geöffnet ab dem 1. Mai, Brauereibesichtigung nach Absprache | **Tipp** Genau gegenüber der Koblenzer Brauerei liegen auf der anderen Rheinseite in Lahnstein »Maximilians Brauwiesen«. Im burgartigen Gebäude aus dem 19. Jahrhundert gibt es eigene leckere Biere und gutes Essen, zudem einen großen Biergarten: absolut empfehlenswert!

8 Brigittches Kiez

Legendäres Freudenmädchen in der Altstadt

Bei jeder Wetterlage stand die Prostituierte Brigitte Karbach, von alteingesessenen Koblenzern liebevoll »Brigittche« genannt, zwischen Altenhof und Altengraben und wartete auf interessierte Kundschaft. In der Altstadt war sie nicht nur daheim, dort war auch ihr Arbeitsplatz – in der ehemaligen Bar »Goldener Stern« wie in den Gassen ringsum. Schon zu Lebzeiten war sie eine Legende, gar ein Wahrzeichen der Stadt. Spätestens mit ihrem Tod 2008 wurde das Mythische dieser Frau auch Leuten klar, die zuvor wenig von ihr wussten.

Die Rufe nach einer posthumen Ehrung für das populäre Freudenmädchen wurden laut und lauter. Via Facebook und anderen Internetkanälen verbreiteten sich rasant Forderungen nach der Umbenennung von Straßen oder öffentlichen Plätzen, die fortan den Namen der Brigitte Karbach tragen sollten. Auch die Aufstellung einer Statue im Stile der »Koblenzer Originale«, auf die man an vielen Orten der Stadt in Bronze und Stein stößt, war im Gespräch. Die PARTEI forderte 2017 gar die Ernennung zur Ehrenbürgerin.

Bisher ist dahingehend nichts passiert. Aber wer weiß, vielleicht setzen sich die Stadtoberen eines Tages noch für eine öffentliche Erinnerung an diese Frau ein. Dafür braucht's halt ein wenig Herz und Humor – Eigenschaften, die den Koblenzern ja gemeinhin zugesprochen werden. Verdient hätte es Brigitte Karbach bestimmt, scheint sie doch eine originelle, tapfere und authentische Person gewesen zu sein. Zudem habe sie immer ein nettes Wort wie ein freundliches Lächeln für die Menschen gehabt – egal, welchen Geschlechts, Alters oder welcher Provenienz. Das ist doch wahrlich aller Ehren wert!

Nach eigener Aussage hätte sie übrigens keinerlei Problem mit einer ihr zum Gedächtnis aufgestellten Statue an alter Wirkungsstätte gehabt. Worauf also warten? Bis es so weit ist, erinnert man sich im Altenhof und Altengraben auch ohne Denkmal an »Brigittche«.

Adresse Altengraben / Altenhof, 56068 Koblenz | **ÖPNV** Bus 2, 5, 7, 12, 15, Haltestelle Altengraben | **Öffnungszeiten** frei zugänglich | **Tipp** Ganz in der Nähe befinden sich die mit üppigen Erkern geschmückten »Vier Türme«: ein historisches Gebäudeensemble an der Straßenkreuzung Am Plan / Altengraben und Löhr- / Marktstraße.

9 Das Burghaus

Wohnturm derer von Eltz zu Rübenach

Beim Spaziergang durch den historischen Ortskern des 1970 nach Koblenz eingemeindeten Stadtteils Rübenach kommt man kaum an dem herrschaftlichen Anwesen vorbei, das sich entlang der Mauritius- und Maximinstraße erstreckt. Das mit einer hohen Mauer umfasste Grundstück mit dem stattlichen Burghaus befindet sich seit 1316 im Besitz der Familie von Eltz, die zuvor die Vogtei über den Ort Rübenach erhalten hatte. Die Anfänge des aus einem mittelalterlichen Wohnturm hervorgegangenen Baus, der 1977 umfassend restauriert wurde, reichen zurück bis in die Mitte des 13. Jahrhunderts.

Das heutige Erscheinungsbild, das insbesondere aus barocken Umgestaltungen resultiert, ist geprägt von einem querrechteckigen, dreigeschossigen Bau mit Krüppelwalmdach. Der gotische Wohnturm bildet den Kern, ist von außen aber nicht mehr zu erkennen. Auch die einstige Farbgebung des Gebäudes lässt sich nur noch anhand der wenigen verbliebenen Restspuren in den Basaltgewänden der Nordwesttür erahnen. Der verwendete Basalt stammt aus der nahen Vulkaneifel und ist ein für die Region typisches Baumaterial.

Auch die Spuren derer von Eltz führen in die Eifel: Südlich des Ortes Wierschem zwischen Koblenz und Cochem nämlich liegt der Stammsitz der weitverzweigten Familie. Dort thront auf einem steilen Felskopf über dem malerischen Elzbachtal die Burg Eltz und erzählt von über 850 Jahren wechselvoller Geschichte. Die von dem Kunsthistoriker Georg Dehio einst als »Burg schlechthin« bezeichnete Befestigungsanlage, die über die Zeiten hinweg ebenfalls im Besitz der Familie von Eltz blieb, kann im Gegensatz zum Rübenacher Burghaus der Seitenlinie Eltz-Rübenach in Teilen besichtigt werden. Da die Höhenburg nie gewaltsam zerstört wurde, bietet sie ein vergleichsweise authentisches Bild einer »echten« Ritterburg und lässt dabei die lange Geschichte des bedeutenden Adelsgeschlechts derer von Eltz wiederaufleben.

Adresse Maximinstraße 2, 56072 Koblenz | **ÖPNV** Bus 14, 27, 350, 353, 359, Haltestelle Kriegerdenkmal | **Öffnungszeiten** nur von außen zu besichtigen (Privatbesitz) | **Tipp** Besuchen Sie das 1839 von dem Architekten Johann Claudius von Lassaulx gebaute Pfarrhaus mit auffälliger wie hübscher Basaltgliederung (Mauritiusstraße 59).

10 Der Bürresheimer Hof

Auf dem Weg in die Zukunft

Der ab 1659 erbaute Bürresheimer Hof hat im Laufe seiner Historie diverse Funktionen innegehabt und seine Gestalt oft verändert. Auch momentan befindet er sich in einer Umbruchphase – wie fast der gesamte Florinsmarkt.

Ursprünglich geplant für den kurtrierischen Amtsmann Lothar von der Leyen-Nickenich, ging der Hof im 18. Jahrhundert an die Freiherrn von Breitbach-Bürresheim, was ihm seinen bis heute gültigen Namen gab. 1847 dann erwarb die jüdische Gemeinde den einstigen Adelssitz, baute ihn um und nutzte ihn als Synagoge, Gemeindehaus und Religionsschule – bis zur Pogromnacht 1938. Kurz darauf fiel der Besitz an die Stadt. Das vorläufige Ende der Juden in Koblenz war damit im Grunde besiegelt. An ihre fast 100-jährige Ära erinnert noch eine Tafel neben dem heutigen Eingang.

Die Reste des 1944 in Schutt und Asche gelegten Gehöfts wurden nach Kriegsende an die Überlebenden der ehemaligen jüdischen Gemeinde rückerstattet, aber diese verzichteten und verkauften das Anwesen an die Stadt. Nachdem die zerstörten Hofgebäude Mitte der 1950er Jahre wiederaufgebaut waren, wurden sie unter anderem durch die Stadtbibliothek, das Stadttheater und das Mittelrhein-Museum genutzt.

Die letzten Nutzer zogen 2013 in das Forum Confluentes am Zentralplatz um, und der Bürresheimer Hof wurde mitsamt den direkt daneben befindlichen historischen Bauten – Altes Kaufhaus und Schöffenhaus – an einen Privatinvestor veräußert. Die von diesem gegründete Martin-Görlitz-Stiftung kümmert sich seither um die Sanierung der maroden Bauten. Mit dem Ziel, ein über die einzelnen Gebäude hinweg nutzbares, modernes Kultur- und Gästehaus entstehen zu lassen. Und das dauert länger und ist kostenintensiver als gedacht. Hoffentlich wird das ambitionierte Projekt bald zu einem erfolgreichen Abschluss gebracht, denn die Wiederbelebung des Florinsmarkts wird schon sehnsüchtig erwartet.

Adresse Florinsmarkt 13, 56068 Koblenz | ÖPNV Bus 1, 11, Haltestelle Altstadt/Kornpfortstraße | Öffnungszeiten derzeit nur von außen zu besichtigen | Tipp Das Schöffenhaus (Florinsmarkt 15) wurde ursprünglich Ende der 1520er Jahre im Auftrag von Erzbischof und Kurfürst Richard von Greiffenklau für die Koblenzer Schöffen errichtet.

11 Christoph 23

Rettung kommt vom Himmel

Man sieht ihn öfter in und um Koblenz, den gelben Rettungshubschrauber mit dem schwarzen ADAC-Schriftzug: Christoph 23. Stationiert ist er am Bundeswehrzentralkrankenhaus im Ortsteil Metternich, wo sich die Luftrettungsstation mit Landeplatz, Hangaranlage und Bereitschafts- wie Ruheräumen für das Einsatzpersonal befindet.

Anfänglich wurde die Luftrettung in Koblenz ausschließlich von der Bundeswehr ausgeführt, die den »Urahn« des heutigen Christoph 1973 in Betrieb nahm. Damals lief der Helikopter unter der militärischen Bezeichnung SAR 73, hatte aber zudem bereits die zivile Kennung Christoph 23. Seitdem die Bundeswehr und die ADAC Luftrettung im Frühjahr 1999 eine Kooperation gestartet haben, fliegt der Hubschrauber lediglich unter seinem zivilen Namen. Im Notfall kommen beide Partner zum Einsatz: Maschine und Pilot werden vom ADAC gestellt, das medizinische Fachpersonal, bestehend aus Arzt und Rettungsassistent, vom Bundeswehrzentralkrankenhaus – und alle arbeiten Hand in Hand.

Christoph 23 ist nur einer von über 50 Rettungshubschraubern der ADAC Luftrettung: Pro Jahr werden mit diesen mehr als 54.000 Einsätze absolviert, die oftmals lebensrettend sind. Unter dem Motto »Gegen die Zeit und für das Leben« wird Menschen in Not geholfen. In schwer zugänglichen Gebieten ist der Hubschrauber häufig das wichtigste Rettungsmittel. Nicht selten zählt jede Minute. Ist irgendwo beispielsweise ein schlimmer Unfall passiert, dann gilt es, Schwerverletzte möglichst schnell in eine geeignete Klinik zu bringen, damit sie adäquat versorgt werden können. Je schneller, umso größer sind die Überlebenschancen.

Hört oder sieht man Christoph 23 oder einen seiner »Verwandten« über sich, dann zuckt man bisweilen etwas zusammen. Aber meist stellt sich rasch die Gewissheit ein, dass die »gelben Engel« bereits auf dem Weg dorthin sind, wo sie gebraucht werden – ein beruhigendes Gefühl.

Adresse Rübenacher Straße 170, 56072 Koblenz | **ÖPNV** Bus 14, 340, 350, 353, 359, 360, Haltestelle BW-Krankenhaus | **Öffnungszeiten** freier Zugang zum Gelände des Krankenhauses, Christoph 23 ist von 7 Uhr bis Sonnenuntergang im Einsatz (Landeplatz bei Rettungsstation) | **Tipp** Das Bundeswehrzentralkrankenhaus selbst ist auch einen näheren Blick wert. Immerhin ist es das größte spezialisierte Krankenhaus der Bundeswehr mit Schwerpunkt in der akuten Notfallversorgung, das seit 1970 auch Zivilpatienten offensteht.

12 Die Cunoburg

Wie Architekten wohnen

Ein pittoreskes Bild offenbart sich dem Spaziergänger, der unterhalb der Cunoburg vorbeigeht: An exponierter Stelle im Ortsteil Pfaffendorf steht dieses auffällige burgartige Haus des Späthistorismus auf einem Felssporn und strahlt aus auf die es umgebende Landschaft. Die Bewohner müssen sich beim Blick aus dem Fenster bisweilen fühlen wie ein Adler in seinem Horst: So viel Gegend sehen aus dem eigenen Nest, phantastisch!

Das ortsbildprägende Bauwerk mit seinen Fachwerkpartien, dem emporragenden Treppenturm, den vielen Erkern und den ineinander verschachtelten Teilen war schon zur Erbauungszeit um 1893 quasi »retro« – und damit absolut zeitgemäß. Denn im 19. und frühen 20. Jahrhundert war die rückwärtsgewandte, stilpluralistische Architektur des sogenannten Historismus en vogue. Bewusst wurden Gestaltungselemente vergangener Epochen – wie der Gotik, der Renaissance oder des Barock – aufgegriffen und miteinander kombiniert. Das Haus Cuno betont durch seine verwunschene Gestalt und die entrückte Lage zudem die »romantische« Haltung der Zeit. Da braucht der Kosename Cunoburg keine weitere Erklärung mehr.

Einiges wird mit diesem Gebäude über den Bauherrn ausgesagt, der übrigens vom Fach war: Für eigene Zwecke errichtete der an der Berliner Bauakademie ausgebildete Architekt und spätere preußische Baubeamte Hermann Cuno die repräsentative Villa. Zwar ist dieser insbesondere für seine Bahnhofs- und Kirchenbauten in Preußen und seine Verdienste um den Denkmalschutz bekannt, aber mit seinem Privathaus hat er sich in seiner Wahlheimat Koblenz ein ganz persönliches Erinnerungsmal gesetzt. Bis heute trägt es schließlich seinen Namen. Bei bekannten Bauherren kann das schon mal passieren. Nur traurig, dass es Cuno selbst nicht sehr lange vergönnt war, das eigene (Wunsch-)Domizil zu bewohnen, starb er doch bereits zwei Jahre nach dessen Fertigstellung.

Adresse Hermannstraße 1, 56076 Koblenz | **ÖPNV** Bus 6, Haltestelle Pfaffendorf-Mitte, von dort 10 Minuten Fußweg | **Öffnungszeiten** nur von außen zu besichtigen (Privatbesitz) | **Tipp** Die Wendelinuskapelle (Ecke Hermannstraße / Ellingshohl) steht direkt unterhalb der Cunoburg an der nächsten Straßenecke. Die genaue Erbauungszeit des kleinen, an den Fels geschmiegten Häuschens, das von der einstigen Frömmigkeit der Pfaffendorfer Bevölkerung zeugt, ist nicht bekannt (wohl spätestens 19. Jahrhundert).

13 Die Cusanus-Stele

St. Florins berühmtester Stiftsherr

Nahe der einstigen Wirkungsstätte des Religionsphilosophen Nikolaus von Kues steht seit 2007 ein ihm zu Ehren aufgestelltes Denkmal, das vom Katholischen Leseverein Koblenz gestiftet wurde.

Nikolaus Cryfftz, weithin unter dem lateinischen Namen Cusanus bekannt, wurde im Jahr 1401 in Kues an der Mosel als Sohn eines wohlhabenden Händlers und Schiffers geboren. Schon früh wendete er sich der Wissenschaft zu. Im Alter von 15 Jahren studierte er an der Universität in Heidelberg, ab 1417 dann im italienischen Padua. Sechs Jahre später schloss er dort sein Studium als Doktor des Kirchenrechts ab. Noch vor seiner Priesterweihe 1436 und lange bevor er zum Kardinal und Bischof von Brixen ernannt wurde, stand Cusanus bereits 1427 als Dekan dem seinerzeit reichen Chorherrenstift St. Florin vor. Lange Jahre lebte, predigte und schrieb er in Koblenz. Seine Bildung und sein politisches Geschick blieben nicht unentdeckt: So reiste er im Dienste mächtiger Kirchenmänner als Diplomat und Jurist durch ein Europa, das sich im Umbruch befand.

In bestimmenden Diskursen der Zeit bezog Cusanus auch mittels seiner zahlreichen Schriften aktiv Position. Sein Denken, das darin zum Ausdruck kommt, lässt einen offenen, kritischen und progressiven Geist erkennen, der vermeintlich sicheres »Wissen« stets hinterfragte. Es verwundert nicht, dass dieser neuzeitliche Ansatz zu Cusanus' Lebzeiten nicht immer auf offene Ohren stieß. Bis heute treten insbesondere seine beherzten Versuche, die Religionen zusammenzubringen und letztlich Frieden zu schaffen, als leuchtende und vorbildhafte Denkansätze eines großen Humanisten hervor. Unermüdlich setzte sich der Moselaner für den interreligiösen Dialog ein und propagierte die »Einheit in der Verschiedenheit«. Hätte die Welt nur in diesem einen Punkt auf ihn gehört, hätte so manch ein blutiger Glaubenskrieg wohl verhindert werden können.

Adresse Florinsmarkt (gegenüber der Kirche St. Florin), 56068 Koblenz | **ÖPNV** Bus 1, 11, Haltestelle Altstadt/Kornpfortstraße | **Öffnungszeiten** frei zugänglich | **Tipp** Wer dem Herz von Cusanus die Ehre erweisen will, der besuche die Kapelle des von ihm und seinen Geschwistern gestifteten St.-Nikolaus-Hospitals/Cusanusstifts in Bernkastel-Kues (Cusanusstraße 2): Dort fand es seine letzte Ruhe.

14 Die Danziger Freiheit

Höchst umstrittene Namensgebung

Straßennamen können viel über die Geschichte einer Stadt erzählen. Stehen manche für einst ansässiges Gewerbe, so erinnern andere an historische Ereignisse oder herausragende Persönlichkeiten. Meist kommt in ihnen der Zeitgeist zum Ausdruck: Ein bestimmter Blick auf die Dinge, der sich bekanntermaßen ändern kann – ebenso wie politische Verhältnisse. Im Nachhinein erscheinen dann gewisse Namensgebungen nicht selten anachronistisch, manche zweifelhaft oder gar völlig fehlgeleitet.

So sind bis zum heutigen Tage etliche Straßen und Plätze nach ehemaligen NS-Funktionären oder NSDAP-Parteigenossen benannt. Wurde in vielen Orten schon kurz nach Ende des Zweiten Weltkriegs lautstark verkündet, dass die Entnazifizierung abgeschlossen und alle unliebsam gewordenen Personennamen aus der öffentlichen Sphäre verschwunden seien, wissen die meisten, dass das damals eine Mär war und noch immer eine ist.

Auch in Koblenz gab es bis zuletzt Straßen und Plätze, die auf die NS-Zeit verwiesen, darunter eine prominente Ecke in der Stadt: die Danziger Freiheit, welche die Verbindung von Peter-Altmeier-Ufer und Konrad-Adenauer-Ufer meint. Seit 1934 hieß sie so. Problematisch dabei war, dass diese Benennung der Forderung der Nationalsozialisten nach Wiederangliederung Danzigs an das Deutsche Reich geschuldet war. Infolge des 1. Weltkriegs war die Stadt 1919 von Deutschland getrennt und daraufhin als »Freie Stadt Danzig« deklariert worden, die unter Aufsicht des Völkerbunds stand. Mit dem Überfall reichsdeutscher Streitkräfte auf Polen am 1. September 1939, der als Beginn des 2. Weltkriegs gedeutet wird, erfolgte dann der Anschluss Danzigs.

Anhaltende Diskussionen mündeten nun jüngst in der Umbenennung der Danziger Freiheit: Seit 2022 trägt die Straße den Namen von Esther Bejarano (1924-2021), einer deutsch-jüdischen Überlebenden des Holocaust, die lebenslang ihre Stimme gegen Faschismus erhob.

Adresse Esther-Bejarano-Straße, 56068 Koblenz | **ÖPNV** Bus 1, 11, Haltestelle Deutsches Eck/Seilbahn | **Öffnungszeiten** frei zugänglich | **Tipp** Die Ehrenbürger-Tafel im Rathaus (Gebäude I, 1. Obergeschoss), auf der einst auch Reichskanzler Adolf Hitler (Ernennung am 25. März 1933) und Reichsarbeitsführer Konstantin Hierl (Ernennung am 26. September 1935) aufgeführt waren. Der Widerruf der Ehrenbürgerwürde erfolgte bei Hitler erst 1985, bei Hierl sollte es nahezu weitere 20 Jahre dauern (2003).

15 Die Dichter-Büste

»Freiheit, die ich meine«

Der 1783 im ostpreußischen Tilsit geborene, aus einer Niederlausitzer Adelsfamilie stammende Max von Schenkendorf gilt als einer der bedeutendsten Dichter aus der Ära der Befreiungskriege gegen Napoleon. Seine Tätigkeit als Beobachter im preußisch-russischen Generalstab führte ihn 1813 nach Schlesien und zur Völkerschlacht bei Leipzig. In dieser Zeit schuf er mannigfache lyrische Werke voller Patriotismus, die ihn in ganz Deutschland zur Berühmtheit werden ließen.

Darunter nimmt das 1815 verfasste Gedicht »Freiheit, die ich meine« sicherlich einen besonderen Platz ein. Seine herausgehobene Popularität verdankt es nicht nur des Dichters Worten, sondern auch der wohl 1818 erfolgten Vertonung durch Karl August Groos. In der Preußenzeit gehörte das Lied zum Bildungskanon und bis in die jüngste Vergangenheit zu den bekanntesten deutschen Volksliedern.

Die patriotischen Dichtungen führten wohl letztlich auch dazu, dass Schenkendorf im Sommer 1815 als Regierungsrat nach Koblenz berufen wurde, dem damaligen Hauptsitz der preußischen Militär- und Zivilverwaltung im Rheinland. Dort war er unter anderem Gründungsmitglied der bis heute bestehenden Freimaurerloge »Friedrich zur Vaterlandsliebe«. Nur vier Monate nach deren Gründung starb Max von Schenkendorf am 11. Dezember 1817: Er wurde auf den Tag genau 34 Jahre alt. Sein Grabmal befindet sich auf dem Hauptfriedhof.

Auf Initiative der »Coblenzer Zeitung« und mit Unterstützung Kaiserin Augustas wurde ihm zu Ehren 1861 eine Büste bei dem Koblenzer Bildhauer Johann Hartung in Auftrag gegeben. Im Laufe der Zeit hat die Bronze mehrfach ihren Standort gewechselt, 2012 verlor sie durch mutwillige Zerstörung gar den Kopf. Nunmehr steht eine Replik nahe dem Weindorf. Aber zum Glück ist nicht nur das Antlitz des Freiheitsdichters, sondern auch dessen exzentrischer Schnurrbart ebenso wohlgeraten wie einst beim Original.

Adresse Kaiserin-Augusta-Anlagen, 56068 Koblenz | ÖPNV Bus 5, 6, 7, 8, 9, 10, 15, 19, 21, Haltestelle Rhein-Mosel-Halle, von dort 5 Minuten Fußweg | Öffnungszeiten frei zugänglich | Tipp Die sogenannte Königshalle unterhalb der Pfaffendorfer Brücke (schräg gegenüber der Schenkendorf-Büste). An der dem Rhein zugewandten Seite der ehemaligen Rheinanschlusskaserne wurden 1875 Terrakotta-Reliefs zu Ehren von Kaiser Wilhelm I. und Kaiserin Augusta angebracht.

16 Die Dreifaltigkeitskapelle

Mit allen Wassern gewaschen

Verloren und einsam zwischen mächtigen Brücken und lauten Straßen steht der einfache, unverputzte Bruchsteinbau mit dem schiefergedeckten Dach und dem offenen Dachreiter von der Straße zurückgesetzt hinter einem Vorgartengitter mit Rundbogenportal. Auch das Innere der kleinen Kirche ist schlicht gehalten. Nichtsdestotrotz hat die Kapelle eine interessante Geschichte zu erzählen. Denn einst war sie Teil eines größeren Ganzen.

Erzählungen nach wurde sie ab 1847 von dem Hofmaurermeister Johann Adam Dienz aus Dankbarkeit für die Genesung von einem Nervenleiden erbaut. Der fromme Mann soll in der nahen Kaltwasserheilanstalt Bad Laubach behandelt worden sein. Und diese am gleichnamigen Wasserlauf gelegene Einrichtung hatte ein Manko: Ihr fehlte es an einem gut erreichbaren Ort, der den Kurgästen die Möglichkeit bot, regelmäßig den Gottesdienst zu besuchen. Dienz' Bauabsicht kam also gerade recht. Die Einweihung des Kirchleins fand am Dreifaltigkeitssonntag 1848 statt, was den Namen erklärt.

Aber wie es so geht: Die Kaltwasserheilanstalt existiert längst nicht mehr. Der Anfang der 1840er Jahre eröffneten Kurstätte im Laubachtal war nur eine kurze Blütezeit beschieden. Zuletzt befand sich dort eine Lungenheilanstalt. 1902 wurde die Einrichtung ganz aufgegeben. In der Folge waren alle Gebäude inklusive der Kapelle dem Verfall preisgegeben. Während letztere glücklicherweise schnell umsorgt wurde, auch nach den Bombardements im Zweiten Weltkrieg wiederaufgebaut und bis in die heutige Zeit immer mal wieder renoviert wurde, sahen die verlassenen Bauten der Heilanstalt ihrem endgültigen Ende entgegen. Die meisten Gebäude wurden aufgrund eines Brückenbaus Anfang der 1970er Jahre abgerissen. Das große, repräsentative Kurhaus blieb zunächst stehen, weil man es als Kulturdenkmal schützen wollte. Aber auch dieses wurde 1981 abgerissen. Was bleibt, ist der Gang zur erhaltenen Kapelle.

Adresse Laubach (zwischen Hausnummer 54 und 56), 56068 Koblenz | ÖPNV Bus 670, Haltestelle Laubach | Öffnungszeiten meist nur von außen zu besichtigen (außer bei Veranstaltungen vor Ort, siehe Aushang an der Mauer) | Tipp Der St.-Georg-Bildstock, der wohl um 1860 nach einem Entwurf des Architekten und Koblenzer Stadtbaumeisters Hermann Nebel geschaffen wurde. Seit der Nachkriegszeit steht er am südlichen Ende der Kaiserin-Augusta-Anlagen etwas abseits des Hauptwegs (hinter Mainzer Straße 93).

17_Das Echolot

Von der Natur inspirierter Pavillon

Zwischen dem Parkplatz und dem Eingang der Fachhochschule steht, eingerahmt von Büschen und Bäumen, ein eigenwilliger offener Holzbau, der als Durchgang dient. Ursprünglich erdacht und realisiert wurde dieser von Studenten und Professoren der ortsansässigen Fachbereiche Bau- und Ingenieurswesen für die Bundesgartenschau 2011.

Dort war der Echolot-Pavillon elementarer Bestandteil der auf dem Areal der Festung Ehrenbreitstein untergebrachten Ausstellungssektion »Vielfalt des Lebens – Lernen von der Natur«, die aus mehreren Gärten bestand. Das Thema des Gartens, in den der Bau integriert war, lautete »Vielfalt als Vorbild – Bionik«.

Die aus Douglasien-Latten bestehende Experimentalkonstruktion beruht auf den Prinzipien der Bionik – einer interdisziplinären Wissenschaft, die Biologie und Technik zusammendenkt. Dabei werden bestimmte Phänomene der belebten Natur als Vorbild für technische Innovationen etwa in Design und Architektur genommen. Den Koblenzer Wissenschaftlern sollte primär der Ruf des Abendseglers, einer heimischen Fledermausart, Quelle der Inspiration sein. Die für das menschliche Gehör nicht wahrnehmbaren Ortungsrufe der Flugtiere wurden mittels einer speziellen Software hörbar gemacht und die Schwingungen als Oszillogramm dargestellt. Aus dem Schwingungsbild wurde dann die Form des Pavillons abgeleitet. Auch die statische Konstruktion selbst folgt bionischen Prinzipien. Treten doch in der Natur Dreieck- und Sechseckraster häufig auf: Man denke nur an Bienenwaben und Blütenformen.

Während der BUGA wurde das zugrunde liegende Oszillogramm zudem mittels LED-Streifen auf dem Boden visualisiert und die hörbar gemachten Ortungsrufe der Tiere über Lautsprecher ausgesendet. Das ist seit der Wiedererrichtung auf dem FH-Gelände zwar nicht mehr erlebbar, aber die pure Raumerfahrung ist auch ohne weitere Effekte außergewöhnlich und beeindruckend.

Adresse Konrad-Zuse-Straße 1, 56075 Koblenz | ÖPNV Bus 2, 12, 620, 621, Haltestelle Hochschule/Konrad-Zuse-Straße | Öffnungszeiten frei zugänglich | Tipp Die Hauptdienststelle des 1952 gegründeten Bundesarchivs (Potsdamer Straße 1): Die bundesbehördliche Nachfolgeinstitution des 1919 eingerichteten Reichsarchivs hat den Auftrag, archivwürdiges Quellenmaterial (unter anderem Akten, Karten, Bilder, Film- und Tonaufnahmen) des Bundes und seiner Vorgängerinstitutionen zu sammeln, dauerhaft zu sichern und nutzbar zu machen.

18 Der einsame Turm

Allein auf weiter Flur

Wer auf der Suche nach ein wenig Hirtenidylle und Burgenromantik zugleich ist, der mache sich auf ins abgelegene Mühlental. Über einen längeren Weg durch dichten Wald und vorbei an saftigen Wiesen, die von Schafen und Ziegen beweidet werden, ist der Mühlenbacher Hof zu erreichen. Diesem gegenüber steht ein wackerer, aber einsam wirkender Turm. Als einziger Teil einer um 1300 von Hermann II. von Helfenstein erbauten Niederungsburg hat er die Zeiten überstanden. Einst war er der strahlende Protagonist der im Quellgebiet des Mühlenbachs als Wasserburg errichteten Wehranlage: ihr alles überragender Hauptturm.

Der auf einem quadratischen Grundriss aus Grauwackebruchstein errichtete fünfstöckige Bau mit Zeltdach ist über 23 Meter hoch. Sein Äußeres ist klar definiert. Lediglich einige Schlitzfenster und der zum Weg hin liegende Treppenaufgang, der zu einer kleinen Tür mit abschließender Bogenblende führt, sind auszumachen. Im Inneren des Gebäudes wurden Reste von Kaminanlagen und Fensternischen gefunden, die auf eine Nutzung als Wohnturm schließen lassen.

Wird man sich der kriegerischen Gewalten bewusst, welche Burg Mühlenbach heimsuchten, scheint es fast wie ein Wunder, dass der Burgfried selbst noch steht. Zuerst zog der Dreißigjährige Krieg (1618–1648) über die Anlage hinweg und ließ sie zerstört zurück. Danach folgte zwar der Wiederaufbau, aber schon kurz darauf wurde die Burg erneut überrannt. Als im Zuge des Pfälzischen Erbfolgekrieges 1692 die Franzosen den Wehrbau bedrängten und einen Großteil zerstörten, bedeutete das dessen endgültigen Untergang. Außer dem Hauptturm ist oberirdisch nichts mehr zu sehen.

Dem romantisch Veranlagten mögen beim Anblick des einsamen Relikts einige Zeilen aus »Schäfers Sonntagslied« von Ludwig Uhland in den Sinn kommen: »Ich bin allein auf weiter Flur; / Noch eine Morgenglocke nur / Nun Stille nah und fern.«

Adresse Mühlenbacher Hof (südöstlich der Ortslage Arenberg), 56077 Koblenz | **ÖPNV** Bus 9, 166, Haltestelle Auf dem Forst, von dort 40 Minuten Fußweg | **Öffnungszeiten** nur von außen zu besichtigen | **Tipp** Das im 19. Jahrhundert auf Initiative des Pfarrers Johann Baptist Kraus (siehe Ort 75) gegründete Kloster Arenberg (Cherubine-Willimann-Weg 1) ist das Mutterhaus der Arenberger Dominikanerinnen. Zum Kloster gehört ein Gästehaus, das allen Menschen offensteht, die Ruhe und Entspannung suchen.

19 Die Elisabeth-Kirche

Seinen Ort finden

Die Glocken schlagen 13 Uhr, und man steht vor einer wundersamen Kirche. Eine in die Jahre gekommene Diva, die etwas vernachlässigt an der viel befahrenen Moselweißer Straße steht, verlangt nach Aufmerksamkeit. Hat man Augen und Herz für Architektur aus der Mitte des 20. Jahrhunderts, dann übersieht man das Gebäude aus Stahlbeton, Backsteinen und Ziegeln kaum, das auch wegen des singulär und abseits stehenden Glockenturms ziemlich auffällig ist. Aber nun, wer mag schon Kirchen aus dieser Zeit?

Die interessierten Freaks wissen natürlich, dass der Sakralbau nicht nur als bedeutendes Exempel des 1950er-Jahre-Kirchenbaus am Mittelrhein gilt, sondern auch und vor allem, dass es sich dabei um ein Werk aus dem namhaften Architektenhause Böhm handelt. Denn erbaut wurde die Kirche 1953/54 nach Plänen von Dominikus Böhm und dessen Sohn Gottfried (geboren 1920), der Glockenturm entstand 1962. Betritt man das Gebäude, so bestechen der weite Raum und das umlaufende Glasmosaik-Lichtband in der obersten Rastereinheit, das an sonnigen Tagen für strahlende Helligkeit sorgt.

Unkonventionell ist nicht nur der Kirchenbau selbst, sondern auch die heutige Nutzung: Da stehen unter anderem bunte Stühle und einige Tischkicker im »Hauptschiff«, diverse Spielsachen liegen wild verteilt auf dem Boden herum. Der Grund dafür ist, dass die Kirche seit 2012 insbesondere als Jugendkirche »X-Ground« dient. Das sieht nach ziemlich viel Leben in der Bude aus! Aber ist es nicht genau das, was ein solches Haus im besten Fall bieten sollte: Offenheit, Gemeinschaftlichkeit und Austausch über Gott und die Welt?

Für manche Augen ist die Elisabeth-Kirche sicherlich gewöhnungsbedürftig, gerade wegen ihrer nüchternen Fassade. Davon sollte man sich aber keineswegs abschrecken lassen. Manchmal braucht es eben einen zweiten Blick. Und eins ist sowieso gewiss: Falls Gott existiert, dann wohnt er auch im Beton.

Adresse St.-Elisabeth-Straße 6, 56073 Koblenz | **ÖPNV** Bus 4, 6, 14, 16, Haltestelle St. Elisabeth-Kirche | **Öffnungszeiten** Kirche: täglich 9–17 Uhr | **Tipp** Die Jesuitenkirche beziehungsweise Citykirche (Jesuitenplatz): Die Fragmente der 1944 größtenteils zerstörten Kirche aus dem 17. Jahrhundert wurden Ende der 1950er in den bis heute bestehenden Neubau eingefügt, der ebenfalls von Pritzker-Preisträger Gottfried Böhm geplant wurde.

20 Der Erfinderbrunnen

Kühne Männer in tollkühnen Kisten

Der Erfinderbrunnen ist ebenso seltsam wie interessant. Seit 1983 steht auf dem kleinen, unattraktiven Platz vor der Löhrpassage diese auffällige Plastik: ein bauchiges Schiff inmitten eines Beckens, auf dem heimische und exotische Tiere versammelt sind. Löwen, Bären, Ziegen, Hasen und Giraffen stehen an der Brüstung oder balancieren darüber. Von anderen Tieren blitzen hie und da einzelne Teile auf, etwa die Rüssel neugieriger Elefanten. Am Rande des Wasserbassins sind weitere Gestalten zu sehen, von denen die drei größten als eine kuriose Mischung aus Tier und Maschine daherkommen: eine Schildkröte in Form eines Autos, ein Fisch mit einem Motor und ein Vogel in Gestalt eines Flugzeugs. Das außergewöhnliche Kunstwerk wurde anlässlich des 150-jährigen Bestehens der Industrie- und Handelskammer gefertigt.

Und von entscheidender Bedeutung für die Entwicklung von Industrie und Handel waren bahnbrechende Erfindungen in Sachen Mobilität. Da ist die Schifffahrt zu nennen, die als eine Art »Arche« die Mitte des Brunnens ziert: Seit ewigen Zeiten spielt sie für den nationalen wie internationalen Gütertransport eine herausragende Rolle. Die allegorischen Tiere rundum deuten auf wegweisende Innovationen der neueren Geschichte.

Ihre Erfinder stammen allesamt aus Koblenz oder der näheren Umgebung. So steht der Motor-Fisch für Nicolaus August Otto, der maßgeblich an der Erfindung des Viertakt-Verbrennungsmotors beteiligt war. Die Schildkröte meint den Autobauer August Horch, seines Zeichens Gründer der Unternehmen Horch und Audi. Der Vogel schließlich ehrt den Flugzeugkonstrukteur Carl Clemens Bücker, der mit seinen in den 1930er Jahren entwickelten Kunst- und Schulflugzeugen Weltruhm erlangte. Wer hätte gedacht, dass das heutige Rheinland-Pfalz so viele Pioniere hervorbrachte, deren Ideen mitentscheidend waren für die globalisierte Welt unserer Tage.

Adresse Fischelpassage, 56068 Koblenz | ÖPNV alle Buslinien, Haltestelle Bahnhof Stadtmitte/Löhr-Center | Öffnungszeiten frei zugänglich | Tipp Das Museum in August Horchs Geburtsort Winningen an der Mosel (Schulstraße 5) zeigt unter anderem eine kleine Ausstellung zu seinem Lebenswerk.

21 Die Finnenbahn

Federleicht auf dem Holzweg

Im Grunde geht es auf dem Oberwerth seit jeher recht sportlich zu. Mittlerweile finden Bewegungsfanatiker unterschiedlichster Disziplinen geeignete Trainings- und Wettkampfplätze auf dem großen Sportgelände – so etwa Leichtathleten, Fechter, Fuß- und Faustballer. Läufer indes haben vor Ort besonders viele Möglichkeiten: Sie können auf dem frei zugänglichen Platz auf Zeit trainieren oder durchs schattige Wäldchen zum nahen Rhein flitzen, um dort eine Zwischenrunde einzulegen. Seit einigen Jahren gibt es zudem die Möglichkeit, auf der sogenannten Finnenbahn ein Crosstraining zu absolvieren, um nicht nur was für die Ausdauer, sondern auch für Koordination und Geschicklichkeit zu tun.

Besagte Strecke liegt direkt am Sportpark neben der Jupp-Gauchel-Straße und ist als Rundkurs angelegt – wie dies bei den meisten Finnenbahnen der Fall ist. Ursprünglich entwickelt wurden diese von finnischen Läufern als Alternative zur Tartanbahn. Das Besondere daran ist der Bodenbelag, der meist aus einer etwa zehn Zentimeter dicken Schicht aus Sägespänen, Holzschnitzeln, Baumrinden oder Rindenmulch besteht, die wiederum über einer Drainageschicht aus Sand, Kies oder Schotter ausgebracht wird. In der Tat läuft es sich darauf federleicht. Durch den weichen Untergrund nämlich werden die Auftritte gedämpft, was nebenbei schonender für Gelenke, Muskeln und Sehnen ist. Daher ist eine Finnenbahn gerade auch für ältere oder körperlich angeschlagene Menschen geeignet.

Mittlerweile gibt es in vielen deutschen Städten solche Trainingsstrecken, in Koblenz existiert nur die eine auf dem Oberwerth. Mit ihren 300 Metern gehört sie zwar zu den kürzeren, aber zum Eingewöhnen oder zur Abwechslung ist das genau richtig. Das Laufgefühl ist überraschend angenehm, weil watteweich. Aber Obacht: Das Training auf dem unebenen, federnden Untergrund erfordert mehr Konzentration und Muskelkraft.

Adresse Ecke Jupp-Gauchel-Straße/Jahnstraße, 56075 Koblenz | **ÖPNV** Bus 3, 13, Haltestelle Jahnstraße | **Öffnungszeiten** frei zugänglich | **Tipp** Halten Sie nach kreativer und hochwertiger Graffiti-Kunst unter der Südbrücke Ausschau und erfreuen Sie sich daran.

22 Die Fischtreppe

Erfolgreich gegen den Strom

An den Staustufen der Mosel wird mittels Wasserkraft Strom produziert. Für Wanderfische sind diese Stufen in aller Regel ein unüberwindbares Hindernis. Ihre Laich-, Winter- oder Nahrungsplätze flussaufwärts können die Tiere somit nicht mehr erreichen. Das ist ein Grund dafür, dass viele Arten, die es einmal in großer Zahl in der Mosel gab, fast gänzlich verschwunden sind – etwa der Lachs. Um die Lage zu verbessern, wurde 2011 an der Staustufe in Koblenz eine moderne Aufstiegsanlage inklusive Fischzähler eröffnet, zu der auch ein Informationszentrum für Besucher gehört.

Der Fischpass ermöglicht den wandernden Tieren die Überwindung des störenden Stauhindernisses und damit den Flussaufstieg. Die Anlage gilt als vorbildhaft: In den kommenden Jahren sollen bis nach Trier neun weitere solcher Pässe entstehen. Anvisiertes Ziel ist die »Reisefreiheit« für die Fische in der Mosel und die Wiederansiedlung seltener Arten. Das Thema scheint glücklicherweise generell auf der politischen Agenda zu stehen. Laut Europäischer Wasserrahmenrichtlinie sollen bis zum Jahr 2027 die großen Flüsse wieder in beide Richtungen passierbar sein. Für die Wanderfische ist das überlebenswichtig: Sie müssen ihre Laichgewässer erreichen können, damit in diesen eine neue Generation an Jungfischen heranwachsen kann. Das ist die Grundlage für Erhalt und Gesundheit der Populationen.

Nun ist das Beste in Koblenz, dass die Fische bei ihren Wanderungen gegen den Strom sogar beobachtet werden können! Drei große Fenster auf einer der vier Ausstellungsebenen des Besucherzentrums gewähren Sicht auf die Staustufe, die es zu überwinden gilt. Interessierte erhalten einen tiefen Einblick in die Unterwasserwelt. Mit ein wenig Geduld gibt es Nasen, Rotaugen und Flussbarsche, mit viel Glück sogar Lachse zu sehen. Ja, auch Letztere wurden seit der Eröffnung schon mehrfach gesichtet: Wenn das kein Zeichen der Hoffnung ist!

Adresse Peter-Altmeier-Ufer 1, 56068 Koblenz | ÖPNV Bus 3, 13, 301, 343, 355, Haltestelle Baedekerstraße, von dort 5 Minuten Fußweg zur Moselstaustufe | Öffnungszeiten Do–So 10–17 Uhr, der Fischpass ist auch von der Staumauer aus gut zu sehen | Tipp Entlang der Mosel in Richtung Moselweiß radeln, dann über den Fluss rüber nach Güls, auf der anderen Seite wieder zurück bis zur Balduinbrücke und darüber mitten hinein ins Getümmel der Innenstadt.

23 Das Fort Rheinhell

My home is my castle

Das hat nun nicht jeder Eigenheimbesitzer: Da steht doch tatsächlich eine Festung im Garten eines Astersteiner Einfamilienhauses. Wenn man's nicht weiß, dann geht man achtlos daran vorbei, so gut integriert sich der Bau in seine neue zivile Umgebung.

Bewachsen von großblütigen Clematis-Pflanzen und von vielen Büschen, Sträuchern und Stauden umgeben, steht auf einem Privatgrundstück an der Lindenallee ein oberirdisches Überbleibsel der einstigen preußischen Festung Koblenz. Dabei handelt es sich um Reste des sogenannten Forts Rheinhell, das neben dem Fort Asterstein eines der beiden Hauptwerke des Festungssystems Pfaffendorfer Höhe bildete.

Erbaut wurde es in den 1860er Jahren, ab 1920 wurde es geschleift. Wenig blieb erhalten. Damit erging es dem Fort Rheinhell nicht anders als den anderen Koblenzer Festungswerken, die nach dem Ersten Weltkrieg den Bestimmungen des Versailler Vertrags entsprechend abgebrochen werden mussten. Die Stadt sollte möglichst komplett entfestigt werden. Vielerorts ließ dies erst einmal Verwüstung zurück, und der größte Teil der einstigen Wehranlagen verschwand – zumindest an der Oberfläche. Bei Arbeiten im Untergrund nämlich kommen immer mal wieder Festungsreste ans Licht, was ja kaum verwunderlich ist.

Nun, die Erde dreht sich, und die Zeit vergeht. Längst befinden sich weitläufige Siedlungsgebiete auf den ehemaligen Militärflächen. Das Rheinhell-Areal ist unter anderem mit Einfamilienhäusern bebaut, von denen viele von einem schönen Garten umgeben sind. Die Ruine des Forts selbst hatte da wahrlich Glück im Unglück: Sie kam offenbar in bedachtsame Hände, denn sie scheint ziemlich gut in Schuss zu sein. Inmitten des üppig bewachsenen Grundstücks wurde ihr sogar noch eine echte Funktion zugedacht: Sie dient als Garage und Lagerplatz. Das kann doch wirklich als gelungene Umnutzung bezeichnet werden.

Adresse Ecke Lindenallee / Auf der Lier, 56077 Koblenz (Reste des Forts befinden sich im hinteren Bereich des Grundstücks Lindenallee 30) | **ÖPNV** Bus 15, 26, Haltestelle Lindenallee, von dort 2 Minuten Fußweg | **Öffnungszeiten** nur von außen zu besichtigen (Privatbesitz) | **Tipp** Der wahrscheinlich kurioseste »Frischemarkt« der Stadt: Vor dem Haus Lindenallee 28 steht – einem Kunstobjekt gleich – auf einer Mauer ein Kaugummiautomat, der schon bessere Zeiten gesehen hat. Wer sich traut, kann mittels Einwurf von 50 Cent überprüfen, ob eventuelle Inhalte noch genießbar sind.

24 Das Freibad

Schwimmen mit Blick auf den Rhein

Es kann sicherlich nicht mit jedem Spaß- und Erlebnisbad der neueren Generation mithalten – das Freibad Oberwerth. Aber das ist überhaupt nicht schlimm. Denn auch dort gibt es Schwimmbecken für Anfänger wie Profis, eine über 100 Meter lange Wasserrutsche, mehrere Sprungmöglichkeiten von einem bis zehn Meter, eine Spielwiese und einen FKK-Bereich für die Nackedeis. Mehr muss eine öffentliche Badeanstalt im Grunde ja auch nicht bieten. Eigentlich reicht es doch, wenn's charmant, nett und lauschig ist. Wenn dann noch einladende Ruheplätze in ausreichendem Maße vorhanden sind, steht Entspannung und Frohlocken nichts mehr im Wege.

Das wirklich Besondere am Oberwerther Freibad ist dessen Lage direkt am Rhein: mit weitläufigen Liegewiesen bis zum Flussufer hin und mit herrlichem Blick auf den gegenüberliegenden Stadtteil Pfaffendorf. Wen wundert's, dass schon in den 1920er Jahren an dieser Stelle ein Strandbad entstanden ist. Dem folgte dann schließlich 1954 das Freibad – und dieses erfreut sich bis heute großer Beliebtheit bei Jung und Alt. Wenn man so unter blauem Himmel auf der grünen Wiese liegt, sich die Sonne auf den Bauch scheinen lässt und die sanften Wellen des Rheins ans Ufer schwappen hört, dann kommt bisweilen schon der Gedanke an die viel besungene »einsame Insel« auf. Manche Orte regen einfach die Phantasie an.

Interessant ist in diesem Kontext, dass sich das Freibad tatsächlich an der Nordspitze einer ehemaligen Rheininsel befindet. Erst der Bau der Horchheimer Brücke in den 1870ern beendete das insulare Dasein. In der Folge wurde Oberwerth weiträumig erschlossen und besiedelt. Endgültig zur Halbinsel wurde der Stadtteil dann durch das Zuschütten der sogenannten Rheinlache nach dem Zweiten Weltkrieg. Bis dahin hatte dieser Flussarm das Eiland vom Festland getrennt. Aber Insel hin, Halbinsel her: Das Leben kann so schön sein auf dem Oberwerth!

Adresse Haydnstraße 2, 56075 Koblenz | **ÖPNV** Bus 3, 13, Haltestelle Mozartplatz | **Tipp** Der Obelisk nördlich des Freibads Oberwerth, der in Erinnerung an die goldene Hochzeit von Kaiser Wilhelm I. und Kaiserin Augusta im Jahr 1879 errichtet wurde. Das Denkmal selbst ist nahezu gänzlich von dichtem Buschwerk verdeckt, die Inschriften sind teilweise verwittert.

25 Der Garten

Hortus conclusus im Schatten von St. Florin

Der aus dem Lateinischen stammende Begriff »hortus conclusus« steht für einen nicht unmittelbar zugänglichen Garten, der durch Hecken oder Mauern von der Außenwelt abgeschlossen ist. Als symbolträchtiges Motiv wurde dieser insbesondere in der christlichen Bildkunst des Mittelalters dargestellt: Innerhalb der Umfriedung findet Maria, die Mutter Jesu, Schutz und Ruhe im Grünen. Sinnbildlich steht die Abgeschlossenheit des Gartens in diesem Kontext für die Unberührtheit und Reinheit der Gottesgebärerin.

Aber auch abseits der religiösen Deutung kann die Vorstellung eines »hortus conclusus« etwas sehr Befriedendes in sich tragen. Verheißt doch der geschützte Bereich eines solchen Abgeschiedenheit und Kontemplation. Sehnt sich nicht jeder Mensch hin und wieder nach Orten, die das bieten und zulassen? Die laute und hektische Welt »da draußen« steht der ersehnten Ruhe im Inneren nur allzu oft konträr entgegen. Kleine Rückzugsräume können im urbanen Alltag ein echtes Geschenk sein. Man muss sie nur finden und sich auf sie einlassen. In jeder Stadt gibt es derartige Schätze zu entdecken, und in manchen findet man gar kleine, überraschende »Paradiesgärtlein«.

Im Schatten von St. Florin, mitten in der Altstadt, ist ein solcher verborgen. Innerhalb von hohen, efeubewachsenen Mauern liegt der Florinsgarten, ein idyllischer und lauschiger Seelenort, der sich den Blicken des schnell Vorbeigehenden nicht preisgibt. Einst befand sich dort der Kreuzgang des um 940 gegründeten und im Jahr 1802 aufgelösten Stifts St. Florin, dessen Gebäude im Zuge der Säkularisierung weitestgehend abgerissen wurden. Drei Joche des Kreuzgangs, die das »Kapitelhaus« tragen, sowie die Kirche wurden verschont.

Wer also Einsamkeit und Stille sucht, der ist in dem herzigen »hortus conclusus« von St. Florin genau richtig. Gut möglich, dass der Verweilende dort Momente des Glücks findet.

Adresse Florinsmarkt 19, 56068 Koblenz (Eingangsportal direkt neben der Florinskirche) | **ÖPNV** Bus 1, 11, Haltestelle Altstadt/Kornpfortstraße | **Öffnungszeiten** Mo–So 10.30–17.30 Uhr (Mai–Okt.). In den Sommermonaten finden im Garten kulturelle Veranstaltungen statt. Informationen hierzu bietet das jeweils aktuelle Programmheft der Evangelischen Kirchengemeinde Koblenz-Mitte. | **Tipp** In der Kirche St. Florin finden sich in drei Wandnischen noch Überreste der um 1300 entstandenen Freskenmalerei (vor der Taufkapelle im rechten Seitenschiff).

26 Die Gedenkplakette

Erinnerung an den Obdachlosen Frank Bönisch

Während seine Kameraden von der »Deutschen Front Coblenz« im August 1992 bei den rassistischen Ausschreitungen in Rostock-Lichtenhagen dabei waren, richtete der 23-jährige Neonazi Andy H. in Koblenz ein Blutbad an. Sein Ziel waren Menschen, die nicht in sein rechtes Weltbild passten. Und die fand er auf dem Zentralplatz, damals ein Treffpunkt von Obdachlosen, Punks, Alternativen und Junkies. Der »deutsche Andy«, so sein Szenename, ging am 24. August dorthin und schoss mit einer großkalibrigen Smith & Wesson wild um sich – bis das Magazin der Waffe leer war. Er verletzte acht Personen, einige von ihnen schwer. Der 35-jährige Wohnungslose Frank Bönisch, der unter den Getroffenen war, starb noch am Ort des Geschehens.

Im folgenden Jahr wurde der Täter wegen Mordes und siebenfachen Mordversuchs zu einer Freiheitsstrafe von 15 Jahren verurteilt. Obwohl das Koblenzer Gericht zu der Einschätzung gelangt war, dass Andy H. aus Hass auf »Obdachlose und sozial Randständige« gehandelt habe, wird Bönisch bis heute nicht offiziell als Opfer rechter Gewalt anerkannt. Dank des unermüdlichen Einsatzes der Initiative »Kein Vergessen Koblenz« erinnert aber seit 2013 wenigstens eine schlichte, in den Boden eingelassene Gedenktafel auf dem Zentralplatz an den Getöteten.

Darauf steht geschrieben: »Hier ermordete am 24.8.1992 ein rechtsradikaler Täter den Obdachlosen Frank Bönisch und verletzte mehrere Menschen. Zur Erinnerung und Mahnung«. Die Gedenkinitiative wurde seitens der Stadt begrüßt und unterstützt. Die meisten Koblenzer zweifeln nicht an dem Hintergrund der menschenverachtenden Tat. Damit sind sie einen guten Schritt weiter als Justiz und Bundesregierung. Das macht umso deutlicher: Die öffentliche Diskussion über rechte Gewalt ist unumgänglich, die klare Anerkennung der Opfer ebenso. Sie dürfen nicht einfach verschwiegen und vergessen werden.

Adresse Zentralplatz (vor der Steinbank gegenüber dem Eingang zum Forum Confluentes), 56068 Koblenz | ÖPNV Bus 1, 2, 3, 5, 6, 7, 8, 9, 10, 11, 12, 13, 15, 16, 19, 21, Haltestelle Zentralplatz/Forum | Öffnungszeiten frei zugänglich | Tipp Durch die gut ausgestattete und lichtdurchflutete Stadtbibliothek im Forum Confluentes schlendern, Lesestoff finden und es sich in einer schönen Ecke gemütlich machen.

27 Die GenussWerkstatt

Gaumen- und Kunstschmaus auf hohem Niveau

Inmitten der Innenstadt liegt an der viel befahrenen Clemensstraße eine stille Oase für Liebhaber der frischen Küche und der Kunst. Von außen eher unscheinbar, eröffnet sich beim Eintreten eine kleine, aber reiche Welt mit lukullischen wie kulturellen Genüssen. Der Name des seit 2013 bestehenden Ladens, der sich aus den Begriffen Genuss und Werkstatt zusammensetzt, ist dort tatsächlich Programm.

Um das leibliche Wohl der Gäste kümmert sich im zuvorderst liegenden, geschmackvoll eingerichteten Teil Robert Hertling: Geschäftsführer, Koch und Seele des Restaurants. Er hält für alle Gaumen sehr Gutes und Kreatives bereit – sogar für Vegetarier und Veganer, was ja noch immer viel zu selten der Fall ist. Bei Sonnenschein lässt es sich auch im Innenhof speisen und entspannen – und der ist vor allem deshalb so besonders, weil man mit nur wenigen Schritten den städtischen Lärm und den Alltag hinter sich lässt. Eine tolle Atmosphäre bietet die geschützte Terrasse auch am Abend, wenn sie von Kerzen beleuchtet betont lauschig und heimelig wirkt. Für alle nachtliebenden Romantiker ist dieser Ort ein absolutes Muss!

Aber das ist noch nicht alles, was der Laden zu bieten hat, denn da ist ja noch die Sache mit der Werkstatt – und dort hängt nicht nur Kunst an den Wänden, da wird auch und vor allem Kunst gemacht. Gleich hinter der Außenterrasse nämlich schließt sich das Atelier der renommierten und agilen Koblenzer Malerin und Grafikerin Eva Maria Enders an, die vor Ort arbeitet, eigene wie Werke geschätzter Künstlerkollegen ausstellt, kulturelle Events – wie Lesungen, Konzerte und Performances – organisiert und als herzliche Gastgeberin und Kommunikatorin fungiert. Ihr großzügiger und charmanter Kunstraum kann auch für Feiern und Veranstaltungen aller Art gemietet werden.

Kurzum, die »GenussWerkstatt« verwöhnt, inspiriert, bezaubert und beglückt: ein Plätzchen für alle Sinne!

Adresse Clemensstraße 16, 56068 Koblenz, www.genusswerkstatt-koblenz.de (nähere Informationen zu Person und Schaffen der Künstlerin Eva Maria Enders unter: www.enders.info) | **ÖPNV** Bus 1, 6, 7, 8, 9, 10, 11, 21, Haltestelle Stadttheater / Schloss | **Öffnungszeiten** Restaurant: Mo–Sa 12–15 Uhr und 18–00 Uhr, Atelier: Räume können generell gemietet werden, während der regelmäßig stattfindenden Veranstaltungen stehen sie allen Interessierten offen | **Tipp** Wenn es mal schneller gehen soll, bietet sich der Dönerladen gegenüber an (Clemensstraße 13) – natürlich auch, weil das Essen dort schmeckt. Besonders Falafel, Fladen und Pide sind sehr lecker.

28 Das Gewerbegebiet

Marias Trost scheint gewiss

In Kesselheim, wo einst der Kurfürst auf Hasen- und Fasanenjagd ging und später Ordensschwestern »gefallene Mädchen« erzogen, ist heute ein dichtes Gewerbegebiet. Dort gibt es eine Straße mit dem schönen Namen Maria Trost, der zu einem solchen Ort erst einmal nicht so recht zu passen scheint.

Aber vor gar nicht allzu langer Zeit stand ebenda ein großes Kloster, das so hieß. 1888 gegründet von den Schwestern vom Guten Hirten, sollte es sowohl der Unterbringung und Ausbildung von Mädchen aus sozial schwierigen Verhältnissen als auch von Frauen, die durch »unsittliches Verhalten« auffällig geworden waren, dienen. Erst in den 1970ern wurde der Heimbetrieb eingestellt, das Anwesen in der Folge an die Stadt verkauft. Danach ließ langjähriger Leerstand die Gebäude verfallen. Das Ende vom Lied war die Sprengung: 1988 wurde das Kloster größtenteils dem Erdboden gleichgemacht – inklusive der als Kulturdenkmal klassifizierten Kirche. Unter anderem blieb das einstige Schwestern- und Gemeindehaus mit dem roten Anstrich und dem schiefergedeckten Dach erhalten. Mittlerweile gehört es zu einem von altem Baumbestand umgebenen, sensibel gestalteten Gebäudekomplex, in dem moderne Ingenieurbüros untergebracht sind.

Nun befand sich auf besagtem Areal lange vor Existenz von Maria Trost ein weiteres bedeutsames Gebäude, das fast gänzlich in Vergessenheit geraten ist: das Jagdschloss Schönbornslust, Sommerresidenz des Trierer Kurfürsten Franz Georg von Schönborn, 1748 bis 1752 erbaut nach Plänen des seinerzeitigen Star-Architekten Balthasar Neumann. Es sollte nicht lange stehen: 1794 wurde es durch französische Truppen weitgehend zerstört. Ein paar Jahre danach brach der neue Besitzer die Ruine ab. Erhalten sind zwei Wirtschaftsgebäude, die zusammen mit dem ehemaligen Schlosswald zur CompuGroup Medical gehören.

Schon Wahnsinn, was so ein Gewerbegebiet nicht alles zu erzählen weiß!

Adresse Maria Trost, 56070 Koblenz | ÖPNV Bus 30, 354, Haltestelle Maria Trost, von dort 4 Minuten Fußweg | Öffnungszeiten nur von außen zu besichtigen | Tipp Die Kapelle Maria Trost, die erst nach Abbruch des Klosters erbaut wurde, ist ein Ort des Gedenkens und Betens für die Koblenzer Sinti. Hier startet eine alljährliche Wallfahrt in Richtung Schönbornsluster Straße, zu dem Platz, wo sich nach dem Zweiten Weltkrieg überlebende und nach Koblenz zurückgekehrte Sinti niederließen – und dort bis in die 1970er lebten.

29 Das Gewölbe

»Ich seh den Sternenhimmel ...«

Das rote, turmartige Gebäude am Fuße der Kastorstraße nahe der Mosel ist eine echte Rarität. Denn der spätmittelalterliche Steinbau ist der letzte seiner Art in der Koblenzer Altstadt. Im Gegensatz zu seinen einstigen Nachbarn hatte dieses Haus ziemlich viel Glück. Kriege und damit einhergehende Zerstörungen überstand es mit ein paar Kratzern, während andere in Trümmern lagen und unwiederbringlich verloren waren. Im Zweiten Weltkrieg blieb es gar als Einziges stehen, ringsum war alles zerbombt.

Ursprünglich um 1490 von dem Koblenzer Schöffen und erzbischöflichen Münzmeister Konrad von Lengenfeld als Wohnturm an der Stadtmauer in einer Häuserfront erbaut, dient das Gebäude seit dem 19. Jahrhundert als Gasthaus und trägt seither seinen bis heute gültigen Namen: »Deutscher Kaiser«. Im Laufe der Jahrhunderte hat es viele Um- und Ausbauten erlebt.

Die letzte umfangreiche Sanierung und Erweiterung erfuhr es 2007 bis 2011, und diese brachte dem Haus – nach langen Jahren des Singledaseins – einen dauerhaften Partner. An der Ostseite wurde zwecks Stabilisierung ein großes Wohn- und Geschäftsgebäude angefügt, das sich allerdings in Form und Stil vom Altbau unterscheidet. Das Restaurant, das mittlerweile wieder in den historischen Mauern betrieben wird, erstreckt sich nun über beide Gebäudeteile – und verbindet so Vergangenheit und Gegenwart.

Nun hat der unter Denkmalschutz stehende spätgotische Teil im Inneren das ein oder andere Schmankerl zu bieten, mit dem der Neubau nicht aufwarten kann. Betritt man etwa das Erdgeschoss mit der niedrigen Decke, fällt der Blick schnell auf ein sehr gut erhaltenes, wunderschönes Sterngewölbe, das zwischen den Graten hellblau getüncht ist. Schaut man genau hin, lassen sich zudem einige hübsche Schlusssteine erkennen: Einer davon zeigt die Muttergottes mit dem kleinen Jesusknaben. Irgendwie fühlt man sich plötzlich dem Himmel ganz nah.

Adresse Kastorstraße 3, 56068 Koblenz | **ÖPNV** Bus 1, 11, Haltestelle Altstadt/Kornpfortstraße | **Öffnungszeiten** Restaurant: Mo–So 11–23 Uhr (Gewölbe teilweise durch die Fenster im hinteren Bereich des historischen Teils zu sehen) | **Tipp** Das Krämerzunfthaus in auffällig rotem Anstrich (Kornpfortstraße 17) mit reichem Schmuckerker, das Anfang des 18. Jahrhunderts erbaut wurde. Wie der Name schon sagt, war es einst das Zunfthaus der Krämer respektive Händler, gleichzeitig aber auch Sitz der städtischen Mehlwaage.

30 Der Gewürzladen

Mit ordentlich Stil und Pfeffer

»Stangenpfeffer aus Indonesien, Tonkabohne aus Brasilien, Kerbel aus Deutschland oder lieber Vanille aus Madagaskar?«, fragen Pfeffersack & Soehne selbstbewusst auf ihrer Homepage die Gourmets im WWW. Das können sie auch, denn die Gewürzhändler setzen auf kompromisslose Qualität und überzeugenden Geschmack. Seit der Gründung ihres Onlineshops 2011 boomt das Geschäft für die jungen Unternehmer.

Es sollte nicht lange dauern, da gab es die Vielfalt an besten Gewürzen aus aller Welt in formschönen Keramikdosen aus dem Westerwald zudem im kleinen, hübschen Laden in der Schenkendorfstraße zu erstehen. Da aber Aufmerksamkeit und Nachfrage stetig wuchsen, wurde im September 2016, statt des Ladens in der Vorstadt, ein größeres Kontor neben dem Münzplatz eröffnet.

Die Idee zu P & S kam den befreundeten Gründern Raphael Fritz, Christian Ganser, Stefan Ternes und Thomas Winkler beim gemeinsamen Kochen. Drei der Freunde betrieben zu der Zeit bereits die Designagentur Formrausch, die Unternehmen marketingtechnisch berät und sich um deren Außenwirkung kümmert. Aber irgendwie war da der Wunsch nach etwas ganz Eigenem. An besagtem Kochabend wurde viel über Gewürze philosophiert, der Mangel an qualitativ überzeugender Ware beklagt. Und siehe da: Die Pfeffersackidee war geboren!

Seither geht's steil bergauf für die Firma. Anerkennung für Angebotsvielfalt – auch mit Blick auf bio und regional –, Produktqualität, Design und Vermarktung sind mannigfach und enthusiastisch. Die Begeisterung ist durchaus verständlich. Nicht nur ein sinnliches Potpourri aus edelsten Salzen, Kräutern und anderen Gewürzen, sondern auch eine Auswahl an weiteren Spezialitäten von ausgesuchten Produzenten findet der Genussmensch bei den Pfeffersäcken. Und durch die gekonnte Präsentation in stilsicherem, dezentem Ambiente bleiben letztlich die Produkte die strahlenden Hauptakteure im Laden. Fazit: bravo!

Adresse An der Liebfrauenkirche 1, 56068 Koblenz, www.pfeffersackundsoehne.de | **ÖPNV** Bus 2, 5, 7, 12, 13, 15, 30, Haltestelle Altengraben | **Öffnungszeiten** Mo–Sa 10–18 Uhr, So 13–18 Uhr | **Tipp** Auch das Gebäude, in dem sich der Laden befindet, ist beachtenswert. An dessen Hausecke ist eine Art Nachbildung des ungleich berühmteren Augenrollers vom Florinsmarkt zu sehen. Im Gegensatz zum Original kann die »Kopie« aber nicht die Augen verdrehen.

31 Die Glanzzeit

My baby just cares for analog sound

Wer sich in Koblenz auf die Suche nach analogen Tonträgern aus Vinyl macht, der muss schon etwas Spürsinn beweisen, will er fündig werden. Denn es gibt nur wenige gute Adressen. Zum Glück findet sich im Altenhof aber ein echtes Urgestein: die »Glanzzeit«-Fachhandlung in dem alten, schönen Haus mit Namen »Armer Josef«, in dem vorher eine Metzgerei samt Kneipe untergebracht war.

In dem kleinen, feinen, gut sortierten Ladengeschäft von Peter Debrich kann der Vinylfanatiker in Ruhe nach begehrten Scheiben stöbern, den Chef auf lange gesuchte Raritäten ansetzen, die eigenen vernachlässigten Schätzchen säubern lassen oder doppelt vorhandene Platten zum Verkauf anbieten. In Sachen Spezialistenfragen wende man sich ohne Scheu an den kundigen, kommunikativen Debrich, der seit immerhin 30 Jahren die Nische vor Ort erfolgreich besetzt – und damit seinen Teil zur Rettung des Vinyls und des analogen Sounds beiträgt.

Wäre doch zu schade, wenn solche Plattenläden in Koblenz nicht mehr existierten. Zumal wenn man bedenkt, dass in dieser Stadt einer der größten amerikanischen Songwriter der 1920er und 1930er Jahre geboren wurde. Alle großen US-Interpreten haben seine Lieder gesungen: von Nat »King« Cole über Dean Martin bis zu Frank Sinatra und Nina Simone. Wer kennt nicht Jazz-Standards wie »It Had to Be You« oder »My Baby Just Cares for Me«? Die Lyrics stammen aus der Feder von Gus Kahn, eigentlich Gustav Gerson Kahn. Und dieser unfassbar erfolg- wie einflussreiche Musiker und Texter hat 1886 in Koblenz das Licht der Welt erblickt. Als der Junge ein paar Jahre alt war, emigrierte die Familie in die USA. Einige Dekaden später und knapp 30 Jahre nach seinem Tod wurde Gus Kahn 1970 in die »Songwriters Hall of Fame« aufgenommen. Kaum jemand weiß das!

Aber vielleicht packt den einen oder anderen jetzt eine unbändige Lust, in Peter Debrichs Vinyl-Sammlung nach alten Aufnahmen Kahn'scher Songs zu suchen.

Adresse Im Altenhof 11, 56068 Koblenz | **ÖPNV** Bus 2, 5, 7, 12, 15, 30, Haltestelle Altengraben | **Öffnungszeiten** Mo – Fr 14 – 18 Uhr, Sa 11 – 15 Uhr | **Tipp** »Taquitos – Cantina y Bar« (Münzplatz 6): scharfe Burritos essen, raffinierte Cocktails trinken, ausgelassen Salsa tanzen – und im Sommer die Abende auf der Terrasse genießen.

32 Das Glockenspiel

Ein klingendes Geschenk an die Stadt

Der von stattlichen Häusern umrahmte Jesuitenplatz ist vielleicht der schönste der Stadt. Der auffälligste Bau rundum ist das einstige Jesuitenkolleg an der Südseite, das zwischen 1694 und 1701 erbaut wurde und in dem seit 1895 das Rathaus untergebracht ist. Die Gesamtgröße des über Jahrhunderte entstandenen Ensembles aus ehemals jesuitischen Schul- und Klostergebäuden kann man in etwa ermessen, wenn man durch Torbogen und Arkaden in Richtung Willi-Hörter-Platz geht. Aber so schnell sollte der Jesuitenplatz nun nicht verlassen werden.

Auch deshalb, weil es ein wenig dauern kann, bis die Töne des Glockenspiels erklingen, das seit 1992 an der Fassade des Vikariehauses, direkt neben der Jesuitenkirche, hängt. Das charmante Geläut mit seinen 14 Glöckchen spielt täglich zwischen zehn und 22 Uhr zu jeder vollen Stunde eine Melodie. Je nach Jahreszeit und anstehenden Kirchenfesten ändert sich das Musikprogramm, das etwa alle vier Wochen angepasst wird. Ausgewählt wird dabei aus fast 100 Stücken. Die Idee, den Menschen auf dem Jesuitenplatz stündlich ein Lied zu schenken, hatte der Katholische Leseverein Koblenz. Dieser 1863 gegründete Zusammenschluss von Gläubigen, der mit seinen etwa 400 Mitgliedern die christliche Lebensführung fördern will, machte der geliebten Stadt zu ihrem 2.000. Geburtstag dieses besondere Präsent. Als ein solches empfinden viele Ansässige wie Besucher das Glockenspiel tatsächlich, lädt es doch inmitten geschäftigen Treibens sanft und behutsam zum kurzen Innehalten ein.

Übrigens ist die benachbarte Jesuitenkirche, neudeutsch Citykirche, ebenfalls einen längeren Blick wert. Deren Vorgängerbau aus dem 17. Jahrhundert wurde 1944 weitestgehend zerstört, nur die Westfassade und Teile der Ausstattung blieben erhalten. Diese Fragmente wurden Ende der 1950er in den Neubau eingefügt, der von Pritzker-Preisträger Gottfried Böhm geplant wurde.

Adresse Jesuitenplatz 4, 56068 Koblenz | **ÖPNV** Bus 1, 11, Haltestelle Altstadt/Kornpfortstraße | **Öffnungszeiten** frei zugänglich | **Tipp** Das »Café Pano« im »Altstadt Hotel« (Jesuitenplatz 1–3) bietet eine große und leckere Auswahl an Kaffeespezialitäten, belegten Broten und Kuchen. Bei Sonnenschein sitzt es sich am besten auf der Terrasse am Jesuitenplatz, ansonsten in der kuschligen (Lese-)Ecke im geräumigen und hellen Innenbereich.

33 Die Goethe

Im Oldtimeranstrich auf dem Mittelrhein

Vielleicht erinnert sich der ein oder andere Filmfreak daran, dass die seinerzeit ausrangierte »Goethe« 1990 als schwimmendes Restaurant eine wichtige Rolle in der Komödie »Pizza Colonia« spielte. Mit an Bord waren unter anderem Mario Adorf und Willy Millowitsch. Nein, keine Erinnerung? Es kann nur am Film gelegen haben. Denn die »Goethe« vergisst man nicht. Und sie ist auch längst wieder richtig unterwegs.

Das über Schaufelräder angetriebene Fahrgastschiff der Köln-Düsseldorfer Deutsche Rheinschiffahrt AG verkehrt nämlich nunmehr auf der sogenannten Nostalgie-Route zwischen Koblenz und Rüdesheim, vorbei an Burgen, Schlössern und gefährlichen Felsen. Loreley und all die Romantiker lassen grüßen. Mit seinen über 100 Jahren beeindruckt der alte »Dampfer« tatsächlich. Obgleich diese Bezeichnung nicht mehr richtig ist, denn seit etwa einer Dekade wird die »Goethe« nicht mehr mit Dampf, sondern mit Diesel betrieben. Ihr einstiges Herz, die denkmalgeschützte Dampfmaschine, befindet sich heute im Kölner Stadtmuseum.

Seit der Indienstnahme 1913 hat das noch immer größte Seitenradschiff der Welt viele Schicksalsschläge er- und überlebt. Nach einem Bombentreffer im Zweiten Weltkrieg lag es gar mehrere Jahre auf dem Grund des Rheins. Immer wieder sollte es, meist aus wirtschaftlichen Gründen, in den Ruhestand versetzt werden. Aber genauso oft regte sich Widerstand dagegen. Verständlicherweise, denn der Anblick der sich drehenden Schaufelräder und des sanften Dahingleitens hat schon was Rührendes. Bei der umfassenden Sanierung des Schiffs Mitte der 1990er wurde bewusst auf nostalgischen Charme gesetzt: Das Äußere im »Oldtimeranstrich« und die Salonausstattung im Art-déco-Stil beschwören den Geist alter goldener Zeiten herauf. Wenn's jetzt noch dampfen würde, dann wär's quasi perfekt auf der »Goethe«. Hier ist dann eben die Vorstellungskraft des Einzelnen gefragt.

Adresse KD-Anlegestelle, Konrad-Adenauer-Ufer, 56068 Koblenz, www.k-d.com | **ÖPNV** Bus 1, 11, Haltestelle Rheinstraße/Fähre, von dort 4 Minuten Fußweg | **Öffnungszeiten** täglich Abfahrt ab Koblenz um 9 Uhr (April–Okt.), am besten die aktuellen Fahrpläne anschauen | **Tipp** Die Talstation der Seilbahn in Höhe der Kastorkirche nahe dem Deutschen Eck: Seit Sommer 2010 bringt die BUGA-Seilbahn schwindelfreie Menschen hinauf zum Plateau vor der Festung Ehrenbreitstein. Nutzen Sie das Angebot so lange wie möglich! Denn derzeit muss davon ausgegangen werden, dass die Bahn nur bis 2026 betrieben werden darf.

34_Das Görres-Denkmal

Im Zeichen von Freiheit und Recht

Wen oder was die expressive Bronzefigur hinter dem Schloss wohl meint? Die über fünf Meter hohe Plastik zeigt einen voranschreitenden Jüngling. Dessen rechter Arm ist nach oben gestreckt, die weit geöffnete Hand weist in Richtung Rhein. Mit der linken Hand drückt er ein Buch an seine Brust. Zu seinen Füßen sitzt ein Adler.

Auf der Vorderseite des Sockels findet sich ein Relief, das den Koblenzer im Profil zeigt, dem dieses Denkmal 1928 gewidmet wurde: Joseph von Görres, allem voran ein streitbarer Publizist. Gemeinhin gilt er als vehementer Kämpfer für Freiheit und Gerechtigkeit, der sich stets gegen staatliche Willkür und Gewaltherrschaft ausgesprochen hat. Sprichwörtlich ist sein Einsatz für einen »freien Rhein«.

Sein Blick auf die Dinge änderte sich indes recht oft: Als junger Mann war er ein glühender Anhänger der Französischen Revolution und der damit verbundenen Werte. Ein Paris-Aufenthalt brachte ihm allerdings die Realität näher. Es folgten Ernüchterung, die Abkehr von Frankreich und von der Politik. Dauerhaft konnte Görres die Geschehnisse seiner Zeit aber weder ignorieren noch unkommentiert lassen. So gründete er 1814 in Koblenz die liberale Tageszeitung »Rheinischer Merkur«, in der er nicht nur gegen die Franzosen, sondern ebenso gegen die neuen Preußenherrscher wetterte. Ergebnis war das Verbot des Blattes 1816. Weil ihm eine Verhaftung drohte, floh er 1819 nach Straßburg, wo er die Rückkehr zur katholischen Kirche vollzog. 1827 dann folgte Görres dem Ruf Ludwigs I. nach München und wurde dort zum wichtigsten Vordenker des politischen Katholizismus.

Bei dem Hin und Her in Sachen Meinungsbildung hätte sich der Mann durchaus die ein oder andere Erfrischung verdient: Vielleicht ist an der volkstümlichen Deutung, dass der bronzene Jüngling mit der erhobenen Rechten schlicht fünf Bier auf der gegenüberliegenden Rheinseite bestellt, ja doch was dran.

Adresse Kaiserin-Augusta-Anlagen, 56068 Koblenz | ÖPNV Bus 6, 7, 8, 9, 10, 11, 21, 33, Haltestelle Stadttheater/Schloss, von dort 8 Minuten Fußweg | Öffnungszeiten frei zugänglich | Tipp Dreht man Görres den Rücken zu, hat man einen herrlichen Blick auf den Rhein und den Ortsteil Pfaffendorf auf der gegenüberliegenden Seite. Die 2010 angelegten Schlossstufen, eine zum Fluss hinabsteigende Treppenanlage, laden zum längeren Verweilen und zum Rhein-Fußbad ein.

35 Die Grube Mühlenbach

Letzte Zeugen des Bergbaus im Mühlental

Oft stellt sich beim Betrachten von Gebäuden, die schon lange leer stehen und zusehends verfallen, eine spannende Mischung aus Neugierde und Grusel ein. Dort, wo einmal Menschen die Räume mit Leben füllten, bleibt nach deren Verschwinden eine nicht fassbare, unnachahmliche Leere zurück. Nicht umsonst werden solche Orte neudeutsch »lost places« genannt. Nach kurzer Zeit macht sich meist die Natur über die »verlorenen« Bauten her und überwuchert diese mit ihrem Grün: Das Lebendige kehrt also auf andere Weise wieder zurück. Die einstige Bedeutung solch verborgener Ruinen fällt jedoch mitunter schnell dem Vergessen anheim.

An die Anfang der 1960er aufgegebene Grube Mühlenbach, in der insbesondere Blei- und Zinkerze abgebaut wurden, erinnert man sich aber durchaus – zumindest in Arenberg. Denn viele Männer des 1970 eingemeindeten Höhenstadtteils arbeiteten in dem ehemaligen Bergwerk, dessen wirtschaftliche Bedeutung für die Gemeinde entsprechend groß war. Wann genau mit der Erzgewinnung vor Ort begonnen wurde, ist nicht gewiss. Es wird vermutet, dass dies bereits im Laufe des 18. Jahrhunderts der Fall war. Sicher ist, dass der Betrieb im Jahr 1842 nach längerem Stillstand wieder aufgenommen wurde. In den folgenden Jahrzehnten kam es vor allem aus wirtschaftlichen Gründen immer mal wieder zu Unterbrechungen und folgenden Reaktivierungen – bis zur völligen Stilllegung. Gefördert wurden die Rohstoffe über zwei am Ortsrand gelegene Schächte: den Oskarschacht und den Heinrichschacht, über denen jeweils Fördertürme standen.

Lediglich einige Gebäude auf dem einstigen Betriebsgelände um den Heinrichschacht haben bis heute »überlebt«. Manche davon werden privat oder gewerblich genutzt: So hat in der kleinen Reihe ehemaliger Arbeiterwohnhäuser ein Dachdecker sein Lager aufgeschlagen. Die meisten der größeren Bauten sind allerdings dem Verfall preisgegeben.

Adresse Mühlental (bei Nummer 92), 56077 Koblenz, etwa einen Kilometer südlich des Ortsteils Arenberg gelegen (Anfahrt über Silberstraße) | **ÖPNV** Bus 29, 166, Haltestelle Silberstraße, von dort 25 Minuten Fußweg | **Öffnungszeiten** nur von außen zu besichtigen | **Tipp** Das archaische Kreuzchen aus Basaltlava, das laut Inschrift für den 1708 an Ort und Stelle erschlagenen Metzgersknecht Franz Coba errichtet wurde. Anfahrt über die Alte Emser Straße zur Grillhütte Dreispitz und dann in Richtung L 127.

36 Das Gründgesbachtal

Romantik vor Augen, Romantik im Sinn

Wer in romantischer Landschaft umherstreifen will, der mache sich auf den Weg in Richtung Gründgesbachtal. Es liegt im weitläufigen Landschaftspark rund um Schloss Stolzenfels oberhalb des gleichnamigen Stadtteils. Und dieses neogotische Bauwerk, das sich auf einem Bergrücken gegenüber der Lahnmündung erhebt, gilt als das Juwel der Rheinromantik. Der preußische Kronprinz und spätere König Friedrich Wilhelm IV. ließ es in der ersten Hälfte des 19. Jahrhunderts als Sommerresidenz ausbauen.

Entlang des murmelnden Gründgesbachs führt ein als Allee bepflanzter Weg durch den schattigen Wald hinauf zum hellgelb strahlenden, zinnenbekrönten Schloss. Der schon zu Lebzeiten hochgeschätzte königlich-preußische Gartendirektor Peter Joseph Lenné entwarf den Stolzenfelser Landschaftspark nach Wünschen des Bauherrn. Ein vollkommenes Kunstwerk mit möglichst natürlich anmutenden Elementen und vielfältigen Blickachsen sollte entstehen: Teiche, Grotten und Wasserfälle wurden angelegt und inmitten der bewaldeten Hänge wirkungsvoll inszeniert. Die ausgeklügelten Sichtschneisen sollten Aus- und Fernblicke auf den Rhein und das Schloss bieten und während des Lustwandelns für Abwechslung und Aha-Momente sorgen. Die am Weg liegenden Bauwerke aus der Zeit des Schlossbaus fügen sich hervorragend ein in das Gesamtkonzept: die St.-Menas-Kapelle, das über ein enges Tal führende Viadukt und die sogenannte Klausenburg. Alle Gestaltungselemente sollten miteinander korrespondieren und zur Verstärkung des Landschaftserlebnisses führen.

Über viele Jahrzehnte war ein Großteil des Bergparks zugewachsen. Seit den 1990ern kümmerte man sich nach und nach um dessen Freilegung und Rekonstruktion. Die Bundesgartenschau 2011 beförderte diese Bemühungen: Die Arbeiten waren zur Eröffnung beendet. Der Wanderer kann nun zumindest wieder erahnen, was Star-Gartenkünstler Lenné einst wohl im Sinn hatte.

Adresse Schlossweg, 56075 Koblenz | **ÖPNV** Bus 670, Haltestelle Stolzenfels Schlossweg | **Öffnungszeiten** frei zugänglich | **Tipp** Der zauberhafte, um einen Brunnen angelegte Pergolagarten im Innenhof von Schloss Stolzenfels, von dem man auch eine tolle Aussicht ins Rheintal hat.

37 Die Gutsbrüder

Volle »Craft« voraus

Immer mehr Menschen öffnen sich gegenüber dem Unbekannten und begeben sich neugierig auf Entdeckungsreise in die weite und bunte Welt des Biers. Sogenanntes »Craft Beer« ist in vieler Munde. Wurde auch Zeit, dass wieder mehr Vielfalt ins Spiel kommt. Das gilt nicht nur für das Produkt an sich, sondern auch mit Blick auf die dahinterstehenden Produzenten.

Schön zu erleben, dass mittlerweile neben den marktbestimmenden Großkonzernen ganz viele tolle Klein- und Kleinstbrauereien in Deutschland am Start sind. Junge, enthusiastische Bierfanatiker lassen ihrer Kreativität freien Lauf und brauen nicht mehr nur klassisch Pils, Helles und Weizen, sondern eben auch Biere mit so fremdklingenden Namen wie Pale Ale, Barley Wine, Porter oder Gose.

Und endlich gibt es solche Experimentierfreudigen auch in Koblenz! Seit 2016 beschäftigen sich die Brüder Jan und Philip Bednarek intensiv mit dem Brauen. Nach vielen Testversuchen in der heimischen Küche und erfolgreichen Probierrunden im Freundeskreis fassten die beiden den Entschluss, dass sie professionell ins Biergeschäft einsteigen wollten. Sehr schnell gründeten sie »Gutsbrüder Brewing Co.«, tüftelten fleißig an Rezepten, schlossen vielerlei Kontakte zu Brauereien und möglichen Abnehmern. Und siehe da! Das erste Bier der Brüder namens »Bæk Ale« ist seit 2018 auf dem Markt: ein süffiges, harmonisches, »freshes« Pale Ale.

Einer der besten, atmosphärischsten und familiärsten Orte in Koblenz, wo man derzeit das Gutsbrüder-Bräu optimal gekühlt trinken kann, dürfte sicherlich die gemütliche Altstadtkneipe »Florinsmarkt« sein. Der offene und freundliche Jochen Menningen, Besitzer und Chef der Rock- und Metalbar, legt generell großen Wert auf eine breite und abwechslungsreiche Bierauswahl, die über die üblichen Verdächtigen hinausgeht. Was für ein Glück – für die Gutsbrüder wie für die Gäste. Ein Hoch auf die Vielfalt!

Adresse Rockbar Florinsmarkt, Burgstraße 16, 56068 Koblenz (Aktuelles zu den Gutsbrüdern: facebook.com/gutsbruederbrewing) | ÖPNV Bus 2, 5, 7, 12, 15, 30, Haltestelle Altengraben | Öffnungszeiten der Kneipe Di–Sa 19–6 Uhr, | Tipp Die Musikkneipe »Zum Schiffchen« (An der Liebfrauenkirche 21) bietet ebenfalls eine vergleichsweise üppige Auswahl an Bieren, zudem ungeheuer viele Whisky-Spezialitäten.

38 Das Gymnasium

Zeitenüberspannender Schulbau der expressiven Art

Man kann jeden Tag beim Gang durch bekannte Straßen mit den Augen an einem speziellen Gebäude hängen bleiben und sich fragen, was es wohl damit auf sich hat. Irgendwann geht man der Sache dann auf den Grund.So etwa kann einem das bei dem kubischen Bau mit der ausdrucksstarken – aus verschiedenfarbigen Aluminiumrohren bestehenden – Fassade in der Südallee gehen. Das lang gestreckte Gebäude hebt sich einerseits stark von der Umgebung ab, wird aber gleichzeitig durch das Lebendige und Nuancenreiche der Verkleidung eingebunden in die ruhige, baumbestandene und pittoreske Straße. Bei raschem Vorbeigehen ist kaum zu bemerken, welche Funktion das Bauwerk innehat: vielleicht ein schickes Parkhaus? Mitnichten, hinter der charismatischen Außenhülle befindet sich die Sporthalle des Bischöflichen Cusanus-Gymnasiums.

Um sich ein umfassendes Bild von der baulichen Entwicklung der Schule zu machen, begibt man sich am besten zum Eingang in der Hohenzollernstraße. Dort springt die stahlblechverkleidete, expressiv in wilden 1970er-Jahre-Farben daherkommende Fassade ins Auge, die den ursprünglichen Altbau vom Anfang des 20. Jahrhunderts, der noch in den Fenstergewänden durchscheint, umhüllt: ein krasser Kontrast! Auf dem Schulhof wird dann das über Dekaden gewachsene Konglomerat aus diversen Baustilen und -formen mit einem Blick fassbar.

Für den letzten Eingriff zeichnet der Koblenzer Architekt Peter Thomé verantwortlich, der 2011 mit der Sanierung und Erweiterung der Schule beauftragt wurde. Genannte Sporthalle wurde technisch wie energetisch auf den aktuellen Stand gebracht und neu eingekleidet, zudem entstand inmitten des engen Innenhofs der Neubau einer Multifunktionsaula, ebenfalls mit besagter Aluminiumrohrfassade. Wirklich erstaunlich ist, dass trotz der differenten Ästhetik der einzelnen Bauteile am Ende alles eine Einheit ergibt. Das hinzukriegen ist eine hohe Kunst.

Adresse Hohenzollernstraße 13–17, 56068 Koblenz | **ÖPNV** Bus 1, 2, 3, 5, 8, 11, 12, 13, 15, Haltestelle Christuskirche | **Öffnungszeiten** von außen jederzeit zu besichtigen | **Tipp** Die neogotische Christuskirche (Hohenzollernstraße 2a) mit dem auffälligen Turm war der erste evangelische Kirchenneubau in Koblenz. Im Zuge der südlichen Stadterweiterung wurde sie in den Jahren 1901 bis 1904 errichtet.

39 Die Hall of Fame

Mehr Farbe für die Stadt

Die abstrakte Bezeichnung »Hall of Fame« lässt auf einiges hoffen. Die Experten wissen natürlich längst Bescheid. Denn im Jargon der Graffiti-Szene meint der Begriff schlicht einen Ort mit Flächen, an dem versierte Sprayer ihre Kunst öffentlich ausleben und präsentieren. Das Zeigen des persönlichen Könnens hat dann im Idealfall eine gewisse Form der ruhmvollen Anerkennung zur Folge. Häufig sind die Flächen solcher »Ruhmeshallen« vom jeweiligen Besitzer freigegeben: Dort sprayen die Künstler dann völlig legal. Allerdings gibt es durchaus auch illegale »Halls«, was zeigt, dass der Begriff primär für Anspruch und Qualität der Graffiti stehen soll.

Und die muss sich an vielen Wänden erst noch zeigen. Die seit Herbst 2017 für das Sprayen freigegebene »Hall of Fame« in der Lützeler Weinbergstraße unterhalb der Europabrücke gibt da Anlass zur Hoffnung. Das kann was werden, denn schon jetzt macht sie einiges her. Bereits namhafte Graffitikünstler haben ihre Spuren hinterlassen und sich, mit Lackdosen bewaffnet, an die Verschönerung der grauen Betonwände und -pfeiler rund um die benachbarte Regenbogen-Schule und den Basketballplatz gemacht.

In kürzester Zeit ist schon viel Beachtliches entstanden: Mannigfache verschnörkelte Schriftzüge ziehen sich über die Wandflächen, eine lichtdurchflutete Unterwasserszene mit schwimmender Frau und lässigem Hai schmückt einen Brückenpfeiler, ein »smokender« Hund mit Baseballcap schaut den Betrachter mit verschleiertem Blick an, schwarz-weiße Science-Fiction-Gesichter jagen Schauer über den Rücken, und ein knallbuntes, riesiges Dinosaurier-Panorama lässt die Augen strahlen.

Generell gilt: Graffiti-Kunst ist eine ephemere, äußerst vergängliche Kunst. Wo gestern noch eine bunte Echse über einer fantastischen Landschaft schwebte, sitzt heute bereits ein zähnefletschender Pavian. Aber das hat auch Vorteile: Es gibt ständig was Neues zu entdecken!

Adresse Weinbergstraße (unterhalb der Europabrücke), 56070 Koblenz | **ÖPNV** Bus 5, 15, Haltestelle Wiesenweg | **Öffnungszeiten** frei zugänglich | **Tipp** Die kleine Filiale der türkischen Bäckerei »Firin Deluxe« (Am Güterbahnhof 1), die herzhafte und süße Leckereien anbietet.

40 Der Hauptfriedhof

Letzte Ruhestätte im grünen Park

Seit über 150 Jahren stehen die Platanen an der zentralen Erschließungsachse des Koblenzer Hauptfriedhofs und bilden als schützende Allee dessen Herzstück. Könnten diese Bäume sprechen, sie hätten wohl viel zu erzählen: vom Kommen und Gehen der Jahreszeiten, vom Werden und Vergehen des Lebens, von den Irrungen und Wirrungen menschlichen Strebens, von den Höhenflügen und Katastrophen der Weltgeschichte. Ungezählte Menschen voller Schmerz und in tiefer Trauer werden unter ihnen hindurchgegangen sein. Aber wohl ebenso viele Menschen, die schlicht auf der Suche nach Stille und ein wenig frischer Luft waren. Nicht wenigen Koblenzern dürfte die weitläufige, terrassenförmige, langsam gewachsene Anlage in erster Linie Rückzugs- und Erholungsort und nicht Begräbnisstätte sein.

Der 1820 eingeweihte Friedhof ist der größte der Stadt. Er dehnt sich von der Beatusstraße in der Goldgrube bis zum Hüberlingsweg auf der Karthause aus. Aber er ist eben auch ein phantastischer Landschaftspark, der sich insbesondere durch seinen alten Baumbestand und die vielen immergrünen Gehölze auszeichnet, die ihm einen waldähnlichen Charakter verleihen. Auch die Grabstätten aus unterschiedlichen Zeiten sind von Grün umgeben und erzählen von dem sich verändernden Umgang mit dem Tod ebenso wie von sich wandelnden stilistischen Vorlieben in der Gestaltung. Um es noch »grüner« zu machen, wurde in den 1980ern zudem ein sogenanntes Arboretum angelegt, eine Baumsammlung. Diese zählt mittlerweile über 500 Baum- und Straucharten aus aller Welt und wird als eine Art Lehrpfad präsentiert, der sich über den östlichen Hang des Geländes bis hinauf zur Karthause zieht.

Es gibt wahrlich Friedhöfe, die sind ein Ort für die Seele. Der Gedanke an das Ende verliert dort seinen Schrecken. Die Vorstellung, inmitten alter Bäume und Sträucher die ewige Ruhe zu finden, ist doch irgendwie befriedend: der letzte Garten quasi.

Adresse Beatusstraße 37, 56073 Koblenz | **ÖPNV** Bus 9, 19, Haltestelle Hauptfriedhof | **Öffnungszeiten** Mo–So 7–20 Uhr (April–Sept.), 7–18 Uhr (Okt.–März) | **Tipp** Die beeindruckende Scheibe eines Riesenmammutbaums mit sechs Meter Durchmesser im Eingangsbereich des Friedhofs (Beatusstraße). Der Gigant stand einst in der kalifornischen Sierra Nevada. Er maß 31 Meter und war über 2.000 Jahre alt, als er umstürzte.

41_Die heiligen Drei

Mehr Glanz für alte Mauern

An der Ecke Kornpfortstraße und Auf der Danne erstrahlt seit Ende 2015 das Dreikönigenhaus in neuem Glanz und veränderter Farbgebung. Wo die Mauern und Gewände zuvor in Ocker und dunklem Rotbraun angestrichen waren, sind sie seit der umfangreichen Renovierung in Weiß und Grau gekleidet. Allerdings hat das Gemäuer weniger Jahre auf dem Buckel, als die Architektur vermuten lässt.

Die Geschichte des Ortes und des gegenwärtigen Baus reicht indes mindestens zurück bis ins 16. Jahrhundert. Einst lag dort schlicht ein Garten, der nach den Heiligen Drei Königen benannt war: Spätestens 1595 existierte ein städtisches Haus, in dem zwischenzeitlich ein »Gasthof zu den drei Königen« untergebracht war. Dieses Urgebäude wurde vermutlich während des Pfälzischen Erbfolgekriegs 1688 zerstört.

Der prächtige, glücklicherweise erhaltene Rechteckerker mit der dreigeteilten Verglasung und den darunter befindlichen Reliefs, welche die Anbetung des neugeborenen Jesusknaben im Stall von Bethlehem darstellen, verweist schon auf den Nachfolgebau, der 1701 von dem Ratsherrn Johann Wilhelm Hauschild in Auftrag gegeben wurde. Bei den schweren Luftangriffen während des Zweiten Weltkriegs wurde auch dieses Barockgebäude stark beschädigt, schon 1948 aber provisorisch instand gesetzt. Der komplette und, zumindest im Äußeren, originalgetreue Wiederaufbau erfolgte dann in den 1970ern.

Ab dato war das Dreikönigenhaus einer der Standorte der Stadtbibliothek – bis zu deren Umzug in das 2013 fertiggestellte Forum Confluentes. Neben weiteren historischen Bauten am Florinsmarkt ging das Gebäude danach in den Besitz des Investors Martin Görlitz über, der das »Haus der heiligen Drei« – als erstes im Bunde der Neuerwerbungen – sanierte und modernisierte. Mittlerweile haben dort das Isso Institut, eine Tochterorganisation der Martin-Görlitz-Stiftung, sowie mehrere Start-ups und Firmen ihren Sitz gefunden.

Adresse Kornpfortstraße 15, 56068 Koblenz | **ÖPNV** Bus 1, 11, Haltestelle Altstadt/Kornpfortstraße | **Öffnungszeiten** von außen jederzeit zu besichtigen, für Innenbesichtigungen die Geschäftszeiten der einzelnen Nutzer beachten | **Tipp** Bis 2018 gab es das vegetarisch-vegane Restaurant »Soulfood« im Dreikönigenhaus. Wer das Essen von Sandra Niebergall vermisst, kann sich nun auf anderem Weg die Köstlichkeiten ins Haus holen (www.soulfood-koblenz.de).

42 Der Heribertturm

Vom Wehrturm zum Zeitmesser

Auf der einen Seite erblickt man Reihen von Weinreben, die am steilen Hang unterhalb der Festung Ehrenbreitstein genüsslich Sonne tanken. Schaut man hinab ins Tal, erfassen die Augen ineinander verschachtelte Häuser, diverse Türmchen und unterschiedlichste Dachformen – und dahinter viel Wald und weiten Himmel. Der Heribertturm hat sich ein gutes Plätzchen ausgesucht, da oben auf halber Höhe des Berges.

Seit 1588 steht er dort. Erbaut wurde er im Auftrag des Trierer Kurfürsten Johann VII. von Schönenberg zum Schutz einer kurfürstlichen Kellerei, die 1572 in den Gebäuden eines zuvor aufgelösten Augustinerklosters eingerichtet worden war. Als reiner Treppenturm diente er dem schnellen Zugang vom Tal Ehrenbreitstein hinauf zu den ehemaligen Klostergebäuden.

Seinen Namen verdankt er der einst an der Stelle der heutigen Heilig-Kreuz-Kirche stehenden Heribertkapelle. Nach Ende des Dreißigjährigen Krieges, den der Turm als einer der wenigen Bauten der Stadt rundum heil überstand, wurde er in die nach 1671 erweiterte Stadtbefestigung Ehrenbreitstein einbezogen.

Seit 1848 nun dient der Heribertturm mit dem neogotischen Fachwerkaufsatz der Kirche Heilig Kreuz als Uhr- und Glockenturm. Steht man direkt vor dem formschönen Bau, so kann man das Uhrwerk hören: ticktack, ticktack, ticktack. Das Geräusch lässt an einen kleinen Zwerg denken, der stoisch seiner Arbeit nachgeht, die darin besteht, mit einem kleinen Hämmerchen in genau bemessenen Abständen gegen Metall zu schlagen. Die Realität ist weniger märchenhaft: 1891 zog die Uhr, die mittels eines Läutwerks viertelstündlich die Zeit schlägt, in den Turm ein. Hergestellt wurde sie im niedersächsischen Bockenem in der berühmten Uhrenfabrik J. F. Weule. Leider ist das mechanische Meisterwerk nur im Ausnahmefall zu sehen, denn der Turm ist nicht frei zugänglich. Aber wer weiß, vielleicht öffnet ja mal ein Kobold die Tür und gewährt Einblick.

Adresse An der Kreuzkirche 5, 56077 Koblenz | ÖPNV Bus 9, 10, 19, 33, Haltestelle Ehrenbreitstein Bahnhof (Charlottenstraße), von dort 5 Minuten Fußweg | Öffnungszeiten in der Regel nur von außen zu besichtigen | Tipp Die charmante und nostalgische »Kunstbackstube« (Humboldtstraße 124) bietet in den Räumen einer ehemaligen Bäckerei Keramik und allerlei Kreatives statt Brot und Plunder (www.kunst-back-stube.de).

43 Der Hüttchesbaum

Knorrige Erinnerung an einen Fährmann

Die Reiseschriftsteller des 19. Jahrhunderts beschreiben das am linken Ufer des Rheins gelegene Neuendorf mit seinen niedlichen Häusern und engen Gassen als pittoresken Ort, bedeutenden Stützpunkt der Flößerei und ertragreichen Gemüsegarten: Während die Männer sich dem Holztransport und dem Unterwegssein widmeten, kümmerten sich die daheimgebliebenen Frauen um den Ackerbau.

Noch heute versprüht der Koblenzer Stadtteil einen altertümlichen Charme. Aber in den Gassen weht mitunter auch der frische Wind der Veränderung. Restaurierte, ansehnliche Gebäude stehen neben alten, renovierungsbedürftigen und schlagen eine Brücke zwischen Vergangenheit und Gegenwart. Das hängt wohl auch mit dem Bau der modernen Hochwasserschutzmauer zusammen, der 2015 abgeschlossen wurde. Dieser könnte für Neuendorf eine rosige Zukunft bedeuten, denn im besten Fall führt er zu vermehrter Wiederansiedlung und Erhaltung alter Bausubstanz.

Vielleicht ist der sogenannte Hüttchesbaum gerade deshalb das Wahrzeichen von Neuendorf, weil er so vielen Hochwassern trotzte, noch immer stolz dasteht und jährlich neu austreibt. Einst gab es zwei Exemplare: Die beiden Schwarzpappeln wurden im Herbst 1812 von dem Schiffsbesitzer Nikolaus Urmetzer als Hochzeitsbäume gepflanzt. Ihren Namen verdankten sie der Tatsache, dass zwischen ihnen später die Hütte eines Fährmanns stand, der von dort nach Urbar und zurück ruderte. Hütte wie Partner der heute noch existenten Pappel sind längst nicht mehr: die eine von den Fluten weggespült, der andere vom Blitz getroffen und zerstört.

Der uralte, noch lebendige Baum mit der rauen Rinde indes ist rührend! Ausufernd, knorrig und windschief steht er auf der Wiese am Rheinufer mit seinen vielen Ausbuchtungen, Wucherungen, Fehlstellen und Höhlungen: Wie ein alter Mensch, der sich über die Jahre ein »dickes Fell« zugelegt hat, um sich gegen die Stürme der Zeiten zu wappnen.

Adresse Am Ufer (gegenüber Hausnummer 12), 56070 Koblenz | **ÖPNV** Bus 2, 12, Haltestelle Brenderweg, von dort 5 Minuten Fußweg | **Öffnungszeiten** frei zugänglich | **Tipp** Das unmittelbar hinter dem Zusammenfluss von Rhein und Mosel liegende Neuendorf ist immer stark von Hochwassern betroffen gewesen. Seit 2010 wurde zum Schutz der Stadtteile Lützel, Neuendorf und Wallersheim eine feste Hochwasserschutzmauer gebaut, die durch mobile Elemente zusätzlich erhöht werden kann.

44 Die Hygieia

Im Zeichen der Gesundheit

Die Geschichte von Hanns Guck-in-die-Luft, den meisten aus dem »Struwwelpeter« bekannt, animiert nicht gerade dazu, gen Himmel zu schauen. Man verpasst jedoch so einiges, wenn man das nie tut. Vor dem Haus Nummer 11 in der Firmungstraße heißt es also: Kopf in den Nacken! Und siehe da, eine prachtvolle Plastik der Göttin Hygiea (oder Hygieia) krönt den Dachgiebel. Das Wohn- und Geschäftshaus, an dem diese zu bestaunen ist, ließ sich der Drogist Fritz Oettelshofen 1903 bauen. Fassade und Fenster im Erdgeschoss und ersten Obergeschoss des Jugendstilbaus wurden bei Renovierungsarbeiten in den 1960ern verschandelt. Die riesige Hygiea blieb glücklicherweise bis heute erhalten.

Ihr von blondem, langem Haar umschmeicheltes Gesicht blickt wie eh und je ruhig auf die Menschen hinab. Unter ihrem Haupt und dem Namensschriftzug treffen sich die Köpfe zweier Schlangen, um gemeinsam aus einem Kelch zu trinken. Wiederum darunter sind zwei Figurenreliefs auszumachen, die um das halbkreisförmige, dreigeteilte Fenster angebracht sind: auf der linken Seite eine Schwester, die einem Kleinkind einen Verband anlegt, und rechts wohl eine Mutter, die einen Säugling wickelt. Ver- und vorsorgende Pflege ist das Thema.

Hygiea ist der Name der griechischen Göttin der Gesundheit. Sie ist eine der Töchter des Asklepios, Gott der Heilkunst, und meist mit einer aus einem Gefäß trinkenden Schlange dargestellt. Die Schlange und die Arzneischale stehen sinnbildlich für gute Lebensführung und Gesunderhaltung. Nicht von ungefähr prangt es allerorts als Hinweisschild über Apotheken. Zur Zeit des Koblenzer Drogerie-Baus war die auffällige Hygiea-Plastik am Giebel vermutlich ein ebenso werbewirksamer Hingucker. Heute werden in dem Haus Schuhe statt Arznei feilgeboten: Ihren einstigen Zweck hat die Jugendstilschönheit verloren. Aber Aufmerksamkeit hat sie nach wie vor verdient!

Adresse Firmungstraße 11, 56068 Koblenz | ÖPNV Bus 1, 11, Haltestelle Rheinstraße/Fähre, von dort 3 Minuten Fußweg | Öffnungszeiten von außen zu besichtigen | Tipp Das sogenannte Franziskus-Eck (Jesuitengasse 8): ein mehrgeschossiges Wohn- und Geschäftshaus mit Jugendstilfassade und besonders hübschem Erker. Im Kern ist das Gebäude allerdings aus dem 18. Jahrhundert.

45 Das Jürgen-von-Manger-Domizil

Bleibense Mensch!

Der in der Tradition von Karl Valentin stehende Humorist Jürgen von Manger kann als einer der Väter der deutschen Comedy bezeichnet werden, der hintergründigen wohlgemerkt.

Seit den frühen 1960ern bis zu seinem Schlaganfall Mitte der 1980er gehörte der ausgebildete Theaterschauspieler und studierte Jurist zu den erfolgreichsten Kabarettisten im Land. Auf der Bühne war er ebenso präsent wie im Radio und im Fernsehen. Seine Popularität verdankte er nicht zuletzt der von ihm erschaffenen und überzeugend dargestellten Kunstfigur des Kleinbürgers Adolf Tegtmeier, der in überspitztem Ruhrpott-Dialekt seine teils banalen, mitunter tief ironischen Weisheiten zu allen möglichen Alltags- und Gesellschaftsthemen ungefiltert zum Besten gab. Auch die 1970er-Jahre-Reihe »Tegtmeiers Reisen« ist legendär – und trifft in der Beobachtung der Irrungen und Wirrungen der Menschen häufig den Nagel auf den Kopf. In dieser Zeit kam man also an von Manger kaum vorbei.

Fast jeder denkt, dass er aus dem Ruhrgebiet stammte, was aber falsch ist. Er kam nämlich 1923 im heutigen Koblenzer Stadtteil Ehrenbreitstein zur Welt. Bis zum Umzug nach Hagen zehn Jahre später lebte die Familie in einem repräsentativen Wohnhaus im Markenbildchenweg in der Südstadt. Das bis heute nahezu unveränderte, gut gepflegte Gebäude aus dem 19. Jahrhundert ist eine echte Augenweide. Außerdem findet sich an dem Klinkerbau ein äußerst witziges – mit Blick auf von Manger geradezu passgenaues – Schmuckdetail. Auf der Konsole unterhalb des kleinen Balkons auf der rechten Seite ist folgende Inschrift zu lesen: »Schütz uns Gott vor Sturm und Wind / und vor Gesellen, die langweilig sind.« Wenn das mal keine programmatische Ansage ist! Herrschaften, also ehrlich, ich weiß ja nicht, was die bei Ihnen an die Fassade gemeißelt haben. Was es auch sei: Halten Sie's mit von Manger und »bleibense Mensch«!

Adresse Markenbildchenweg 15, 56068 Koblenz | ÖPNV Bus 3, 5, 13, 15, Haltestelle Markenbildchenweg | Öffnungszeiten nur von außen zu besichtigen | Tipp Das Irish Pub »Piper's Corner« (Markenbildchenweg 10): eine kleine, gemütliche Kneipe mit hervorragendem Whisky-Sortiment und saisonal stattfindendem, legendärem Pub-Quiz.

46 Die Kaffeewirtschaft

Stimmungsvolles Kulturcafé in Familienhand

Was genau das Flair einer Stadt ausmacht, ist nicht immer leicht zu ergründen. Es braucht wohl einen speziellen Mix aus Einzelkomponenten, um dieses »gewisse Etwas« verspüren zu können.

Einerseits sind dabei sicher die gewachsenen Strukturen wichtig, die lokale Kulturgeschichte greifbar werden lassen. Andererseits sind traditionsbewusste und zugleich weltoffene Menschen vonnöten, die im Jetzt das Historische wertschätzen, dieses indes stetig mit pulsierendem, frischem Leben füllen wollen. Und wo finden sich solche besser als in einer urigen Kneipe oder in einem herzigen Café?

In Koblenz gibt es ein paar sehr charmante Lokalitäten dieser Art. Unter diesen tritt die »Kaffeewirtschaft«, in der rheinische Lebenslust auf Pariser Bistroatmosphäre und Wiener Kaffeehauscharme trifft, als besonders hervor. Dort kann man nicht nur ausgiebig frühstücken, leckerste Salate mit bestem Balsamico-Senf-Dressing essen und dazu Weine aus der Region genießen, sondern auch schlicht auf einen schnellen Kaffee-Kuchen-Besuch reinschneien. Uhrzeit und Anlass sind völlig nebensächlich: Hier passt's immer!

Mit der »Kaffeewirtschaft« ist seit über 100 Jahren der Name der Familie Richard verbunden, die sich einen festen Platz in der Stadt und den Herzen der Menschen erarbeitet hat. Nach Unterbrechung haben 1999 die beiden Geschwister David und Violetta Richard die Führung des Ladens übernommen, der nicht nur aufgrund der Lage am Münzplatz und des Jugendstilcharmes des historischen Gebäudes samt pittoreskem Arkadengang die Menschen anzieht.

Egal, ob stiller Eigenbrötler, der in Ruhe die aktuelle Tageszeitung lesen will, kommunikationsfreudiger Kosmopolit, der über die aktuelle Weltlage diskutieren mag, oder aber breit Kulturinteressierter, der sich gern von Kunst und Künstlern umgeben sieht: Alle finden ein lauschiges Plätzchen und höchstwahrscheinlich sogar Momente des Glücks in der zauberhaften »Kaffeewirtschaft«.

Adresse Münzplatz 14/Ecke Paradies, 56068 Koblenz, www.kaffeewirtschaft.de | **ÖPNV** Bus 2, 5, 7, 12, 15, 30, Haltestelle Altengraben | **Öffnungszeiten** Di–Sa 9–23 Uhr, So und Feiertage 10–18 Uhr | **Tipp** Ganz in der Nähe erinnern die Bronzefiguren von »Frau Ringelstein« und »Schutzmann Otto« an die sogenannte Koblenzer Davidswache, das legendäre 1. Polizeirevier in der »alten Münz« (ehemaliges kurfürstliches Münzmeisterhaus), sowie an den Münzplatz als historisch wichtigen Marktplatz.

47 Der Kaiserkopf

Um Kopf und Kragen

Auch wer nur für kurze Zeit in Koblenz weilt, besucht das Deutsche Eck am Zusammenfluss von Rhein und Mosel. Zum »Bild« dieses Ortes gehört für viele der Kaiser hoch zu Ross: Wilhelm I. als populäre Ikone. Seltsam, zumal das besagte Reiterstandbild lange Zeit – von 1945 bis 1993 – dort nicht zu sehen war. Das mächtige Kunstwerk, wie wir es heute vor uns sehen, ist eine Rekonstruktion aus den 1990ern.

Das Ende des 19. Jahrhunderts errichtete Original, das Kurt Tucholsky 1930 als nationalpathetischen »Faustschlag« verspottet hat, wurde im Zweiten Weltkrieg weitgehend zerstört. Dieses »amtliche« Denkmal der Rheinprovinz für Wilhelm I. und die mit ihm verbundene Reichsgründung 1871 wurde von dem Architekten Bruno Schmitz sowie dem Bildhauer Emil Hundrieser konzipiert und geschaffen. Eingeweiht wurde es im August 1897 auf der aufgeschütteten Landzunge an der Moselmündung.

Von der originären Monumentalplastik ist nur noch ein kläglicher Rest erhalten. Nach dem Beschuss durch amerikanische Soldaten am 16. März 1945 hing das Standbild erst mal kopfüber vom Sockel. Die Überreste wurden schließlich abgetragen. Was zu diesem Zeitpunkt noch an Kupfer vorhanden war, wurde eingeschmolzen. Jedoch überlebten einige Teile nicht nur den Krieg, sondern auch die Wirren danach und tauchten später wieder auf. So auch der große Kopf des Kaisers, der auf Umwegen ins Mittelrhein-Museum kam. Im Forum Confluentes, das seit 2013 die städtische Kunstsammlung beherbergt, ist er im schaufensterartigen Foyer des Museums ausgestellt – und blickt starr und unnahbar wie eh und je.

Das schiere Ausmaß dieses Relikts beeindruckt ebenso wie seine turbulente Geschichte. Die Rekonstruktion und Wiederaufstellung des zerstörten herrschaftlichen Kaiser-Denkmals im Jahr 1993 kann jedoch verwundern. Vermutlich verbirgt sich dahinter der nostalgische Wunsch, ein verloren gegangenes »Postkartenmotiv« wiederherzustellen.

Adresse Zentralplatz 1, 56068 Koblenz | **ÖPNV** Bus 1, 2, 3, 5, 6, 7, 8, 9, 10, 11, 12, 13, 15, 16, 19, 21, 33, Haltestelle Zentralplatz/Forum | **Öffnungszeiten** Mittelrhein-Museum: Di–So 10–18 Uhr, Forum Confluentes: Mo–So 9–maximal 19 Uhr | **Tipp** Das Reiterdenkmal am Deutschen Eck, das nach der von Emil Hundrieser geschaffenen, verkleinerten Replik des Originals (auch im Mittelrhein-Museum) rekonstruiert wurde. Wer dann genug hat vom Kaiser, der dreht ihm einfach den Rücken zu und genießt die Aussicht auf den Zusammenfluss von Mosel und Rhein.

48 Die Kanaldeckel

Schängel auf Schritt und Tritt

Vor einem Schängel sollte man sich in Acht nehmen, denn er treibt so manchen Schabernack. In Koblenz, der Heimat des frechen Lausbuben, ist das logischerweise nicht leicht. Der Neckname Schängel ist nämlich schlicht eine mundartliche Bezeichnung für alle in der Stadt Geborenen: Waren zuerst nur die Knaben gemeint, werden heute, vermutlich aus Gründen der Gleichberechtigung, auch die Mädels damit bedacht.

Es heißt, der Begriff gehe zurück auf die zwei Dekaden andauernde französische Herrschaft von 1794 bis 1814. Ursprünglich seien nur die von Franzosen abstammenden Kinder deutscher Mütter so genannt worden, was natürlich nicht witzig oder nett gemeint war, sondern eher despektierlich im Sinne von Bastard. Alsbald aber habe man all die vielen Jungs, die damals Hans oder Johann hießen – in Abwandlung des französischen Namens Jean – eben Schang gerufen. Daraus sei dann nach und nach Schängel und noch »niedlicher« Schängelche geworden.

An der unumstößlichen Tatsache, dass sich die Mehrheit der Koblenzer selbst mit gewissem Stolz als Schängel bezeichnet, ist wohl nicht zuletzt der Heimatdichter Josef Cornelius schuld, der anlässlich des Karnevals 1914 das Mundart-Poem »Dat Cowelenzer Schängelche« niederschrieb, was bald darauf von Carl Wilhelm Kraehmer vertont wurde: die Geburtsstunde einer Hymne! Ein weiteres entscheidendes Mosaiksteinchen in der Karriere der identifikationsstiftenden Figur war die Aufstellung des Schängelbrunnens mit wasserspeiendem Knaben im Jahr 1941 – heute das Wahrzeichen von Koblenz.

Und seit ein paar Jahren ziert nun das Relief der Brunnen-Knabenplastik unzählige Kanaldeckel in den Gassen der Altstadt und darüber hinaus. Auf Schritt und Tritt laufen hektische Passanten über die bronzefarbenen Abdeckplatten, die jedoch weitaus unaufdringlicher sind als besagter Wasserspeier. Liegt es nur daran, dass man bei deren Anblick nicht nass wird?

Adresse zum Beispiel in der Altstadt, 56068 Koblenz | ÖPNV Bus 1, 11, Haltestelle Altstadt/Kornpfortstraße | Öffnungszeiten frei zugänglich | Tipp Der Schängelbrunnen im Rathaushof (Willi-Hörter-Platz), nach dessen Abbild die Reliefs der Kanaldeckel gestaltet wurden, wurde 1940 von dem Mayener Bildhauer Carl Burger geschaffen. Aber Vorsicht: Der Knabe speit etwa alle drei Minuten Wasser!

49_Die Kanonenkugel

Überraschendes in der Taufkapelle

Was erwartet man nicht alles in einer Kirche: einen Altar, ein Taufbecken, ein Bild des Gekreuzigten, Kerzenleuchter und Weihrauchduft etwa. Der Anblick einer gusseisernen »Kanonenkugel« mit Griffen verwundert indes.

Ein solch skurriles »Ausstattungsstück« findet sich jedoch im schlichten Innenraum der Florinskirche. Ob sie jedem Besucher direkt ins Auge sticht? Wohl kaum, denn genaues Schauen ist erforderlich. Hebt man in der Taufkapelle, die den östlichen Abschluss des rechten Seitenschiffs bildet, den Kopf gen Himmel, so fällt der Blick auf eine schwarze Kugel, die halb im Deckengewölbe steckt und die Zahl »1688« trägt.

Näheres über das Objekt und die damit verbundene Bedeutung zu erfahren ist offenbar nicht ganz leicht. Einer Erzählung zufolge soll das Geschoss an die Belagerung und den Beschuss durch französische Truppen während des Pfälzischen Erbfolgekriegs 1688 erinnern. Große Teile der Stadt wurden damals zerstört. Auch die Kirche trug schwere Schäden davon. Es heißt weiter, dass die Eisenkugel bei einer Reparatur des Gewölbes eingefügt worden sei. Allerdings bleibt unklar, wann dies geschah. Es ist eher unwahrscheinlich, dass eine solch »unorthodoxe« Maßnahme bereits im 17. oder 18. Jahrhundert vorgenommen wurde. Da der Sakralbau auch im Zweiten Weltkrieg in Teilen zerstört und später wiederaufgebaut wurde, scheint es vorstellbarer, dass der Einbau erst dann erfolgte. Aber was hat es allgemein damit auf sich?

Nun, die Florinskirche hat, wie viele andere in Koblenz, mannigfache »Verletzungen« und feindliche Übernahmen er- und überlebt. Krieg, Zerstörung, »Auferstehung«: In diesem Dreiklang kann die »Kanonenkugel« in der Taufkapelle als symbolisch aufgeladenes Gestaltungselement gelesen werden. Versinnbildlicht sie doch gleichsam die destruktiven Kräfte des Krieges wie die dem Wiederaufbau implizite Hoffnung auf friedvollere Zeiten.

Adresse Florinsmarkt 23, 56068 Koblenz | **ÖPNV** Bus 1, 11, Haltestelle Altstadt/Kornpfortstraße | **Öffnungszeiten** Mo–So 10.30–17.30 Uhr (Mai–Okt.). Von Mitte Mai bis Ende September finden zahlreiche Ausstellungen und Veranstaltungen in der Florinskirche statt. Über diese unterrichtet ein Programmheft der Evangelischen Kirchengemeinde Koblenz-Mitte. | **Tipp** Das »Weinhaus Hubertus« (Florinsmarkt 6) ist eine rustikale Gaststätte in einem der ältesten Fachwerkhäuser der Stadt. Dort kann man deftig essen und tolle (regionale) Weine genießen.

50 Die Kapelle

St. Martin in Glas

Der Überlieferung nach begegnete der römische Soldat Martin an einem klirrend kalten Wintertag des Jahres 334 im französischen Amiens einem unbekleideten Bettler. Der Anblick des Frierenden bewegte Martin dazu, seinen Militärmantel mit dem Schwert zu teilen und eine Hälfte dem Bettler zu geben. Eine tiefe Geste der Barmherzigkeit kommt darin zum Ausdruck. Auf den meisten Bildern, die diese Legende zum Thema haben, wird der Soldat hoch zu Pferd gezeigt, während unter ihm der Arme steht oder kniet.

Das großformatige und beeindruckende Glasgemälde in der etwas versteckt liegenden Kleinod-Kapelle des Evangelischen Stifts St. Martin zeigt eine Abwandlung dieser Darstellung. Der in leuchtendes Rot gekleidete Wohltätige ist von seinem »hohen Ross« abgestiegen und begegnet dem Armen – zwar nicht auf Augenhöhe, aber doch aus einer weniger erhöhten Position. Die Hierarchie zwischen den beiden Männern wird damit etwas abgemildert, obgleich der auf Knien um Hilfe flehende Bettler noch immer klar als zur »Unterschicht« zugehörig dargestellt ist.

Insbesondere die auf den mittellosen Menschen zugehende Bewegung Martins war dem Gestalter des gläsernen Kunstwerks, dem – ob seiner exzentrischen Auftritte – oft als »Malerfürst« titulierten Maler, Grafiker und Bildhauer Markus Lüpertz (geboren 1941), ein entscheidendes Anliegen. Bei der Präsentation des Fensters im Mai 2010 betonte der einstige Rektor der Düsseldorfer Kunstakademie, er habe sich schon als kleiner Bub vorgestellt, dass Martin von seinem Pferd absteige und dem Bettler das Kleidungsstück persönlich übergebe – und nicht von oben herabwerfe. Lüpertz selbst zeigte sich übrigens auch wohltätig: Er übergab dem den Bau der Kapelle unterstützenden Förderverein Stiftungsklinikum Mittelrhein 60 handsignierte Druckgrafiken, deren Verkauf Geld in die Kassen brachte. Eine gute Investition, in die Kunst und die Stadt.

Adresse Johannes-Müller-Straße 7 (Kapelle zugänglich über den Nebeneingang in der Südallee), 56068 Koblenz | ÖPNV Bus 3, 5, 13, 15, Haltestelle Markenbildchenweg | Öffnungszeiten Mo–So 6–20 Uhr | Tipp Neben der gelungenen Raumgestaltung an sich verdient besonders auch die kleine Orgel der Martinskapelle Beachtung, die fast vollständig aus Holz gefertigt wurde.

51 Der Kastorbrunnen

Gesehen und genehmigt

Eine Schönheit ist er nicht, der Kastorbrunnen, aber unbedingt sehenswert. Seit 1812 steht der mächtige Basaltblock an prominenter Stelle vor der Kastorkirche – und belustigt wohl fast ebenso lang die Passanten. Denn er ist ein echt kurioses Schmankerl in Sachen Zeitgeschichte!

Spätestens nachdem man den Natursteinquader einmal umrundet hat, bleibt die Aufmerksamkeit an der französischen Inschrift hängen, die eine der Schauseiten einnimmt. In großen Lettern ist dort eine, orthografisch leicht fehlerhafte, Verkündung von Jules Doazan zu lesen, seines Zeichens letzter französischer Präfekt in Koblenz. Sinngemäß übersetzt besagt diese, dass der Brunnen unter seiner Präfektur 1812 als Denkmal zur Erinnerung an den – vermeintlich erfolgreichen – napoleonischen Feldzug gegen die Russen aufgestellt wurde. Damit war der gute Doazan nur etwas vorschnell, denn jener Feldzug endete bekanntermaßen mit einer katastrophalen Niederlage Napoleons.

Ein Blick in die Geschichtsbücher verrät, dass im Januar 1814 die Russen den Rhein überquerten und Koblenz einnahmen: Die Franzosen kapitulierten und machten sich davon.

Und hier nun kommt der zweite Teil der gemeißelten Brunnenworte zum Tragen. Unter dem selbstbewussten Spruch Doazans nämlich steht der – wohl kurz nach dem Einmarsch hinzugefügte – Kommentar des russischen Kommandanten, der auf einen augenzwinkernden Humor schließen lässt. Wörtlich heißt es: »Gesehen und genehmigt durch uns, den russischen Kommandanten der Stadt Koblenz, am 1. Januar 1814.«

Mit dem Zitat der formelhaften Wendung »vu et approuvé« beweist der Russe hintergründigen, persiflierenden Witz: In französischsprachigen Gebieten gehören jene Worte bis heute – als Zeichen der Kenntnisnahme und Zustimmung – unter offizielle Dokumente und Kontrakte. Ein skurriles Zeugnis politischer Gegnerschaft, dieser Kastorbrunnen. Persönliches Fazit: gesehen und für gut befunden!

Adresse Kastorhof, 56068 Koblenz (auf dem Vorplatz der Kastorkirche) | ÖPNV Bus 1, 11, Haltestelle Deutsches Eck/Seilbahn | Öffnungszeiten frei zugänglich | Tipp Der Blumenhof zwischen der Kastorkirche und dem Ludwig Museum im Deutschherrenhaus ist eine herrliche Gartenanlage, in der es sich prima flanieren und entspannen lässt.

52 Die Katastrophenschutzschule

Ich will Feuerwehrmann werden!

Zwischen dem »Hotel Rheinkrone« und dem erhaltenen Reduit des Forts Asterstein gibt es Kurioses zu entdecken. Neben dem Friedhofsgelände liegt, hinter dichtem Buschwerk verborgen, auf abgesperrtem Terrain ein Flugzeugwrack – und dies offensichtlich nicht erst seit gestern. Unterhalb der propellerlosen Maschine steht ein ähnlich marodes Amphibienfahrzeug, dessen »Haut« in Fetzen herunterhängt. Geht man leicht bergan über die Friedhofswiesen in Richtung Lindenallee und behält das Areal hinter dem grünen Metallzaun im Auge, dann wird man weiterer Seltsamkeiten gewahr. Lebensgroße Puppen mit verdrehten Gliedern und »blutenden« Wunden finden sich neben ausgebrannten Autos und umgestürzten Eisenbahnwaggons. Der Reflex, den »Verletzten« helfen zu wollen, setzt ein. Schon kurz darauf belächelt man den eigenen Geist, der sich so leicht täuschen lässt: Denn natürlich bewegen sich die Plastikmenschen nicht!

All das scheinbar zufällig verteilte »Gerümpel« gehört zum Equipment der Koblenzer Feuerwehr- und Katastrophenschutzschule, der zentralen Ausbildungsstätte für berufliche wie ehrenamtliche Einsatzkräfte von Feuerwehr, Rettungsdienst und Katastrophenschutz in Rheinland-Pfalz. In etwa 250 Veranstaltungen werden dort jährlich 6.000 Männer wie Frauen für den Ernstfall geschult. Ausgebildet wird in diversen Bereichen wie Brandbekämpfung, Gefahrstoffe und Strahlenschutz sowie in der sachkundigen Wartung, Reparatur und Prüfung von Geräten. Für den theoretischen Teil verfügt die Schule über elf Lehrsäle, für den praktischen über das Außenübungsgelände mit Tauchturm, Feuerlöschübungsanlage und den erwähnten Fahr- und Flugzeugen, die gelegentlich in Flammen aufgehen.

Wer, wie der kleine Drache Grisu aus der 1970er-Zeichentrickserie, schon immer Feuerwehrmann werden wollte, der kommt an diesem Ort seiner Berufung ganz nah.

Adresse Lindenallee 41–43, 56077 Koblenz | **ÖPNV** Bus 15, 26, Haltestelle Feuerwehrfachschule | **Öffnungszeiten** Gelände von außen einsehbar | **Tipp** Der Weg zum Friedhof, vom »Hotel Rheinkrone« (Rudolf-Breitscheid-Straße) in Richtung Fort Asterstein (Kolonnenweg), ist parkähnlich gestaltet. Auf der rechten Seite liegen Flugzeugwrack und Co. hinter Buschwerk und Bäumen versteckt. Zum Tal hin schließt eine »Panoramamauer« ab: Sie bietet einen phänomenalen Blick auf die gegenüberliegenden Stadtteile und lädt zum Picknickmachen ein.

53 Der Kirchturm

Ein Hoch auf die Südstadt

Die meisten Leute, die in der südlichen Vorstadt leben, mögen ihr Viertel gern. Das ist auch kaum verwunderlich, denn der Stadtteil ist nicht nur charmant, sondern bringt auch viele alltagspraktische Vorteile mit sich: eine gute Infrastruktur mit kleinen und größeren Läden, Kindergärten, Arztpraxen und Kneipen direkt vor der Haustür, dazu die unmittelbare Nähe zur Innenstadt sowie zu den Rheinanlagen. Auch der Hauptbahnhof ist in guter Reichweite.

Trotz der Zentralität ist die Südstadt aber eine vergleichsweise ruhige, unhektische Wohngegend, in der ein buntes Gemisch aus Kleinfamilien, Paaren und Singles, Arbeitern, Studenten, Senioren, Mittelständlern und Alternativen zusammenlebt. Die großzügigen Straßenzüge mit prachtvollen, gut erhaltenen Gebäuden der vorletzten Jahrhundertwende, die kurzen Wege, die sympathische Nachbarschaft und die besondere Atmosphäre mit den lauschigen Plätzen, gepflegten Vorgärten und versteckten Hinterhöfen machen den Stadtteil so liebenswert.

Das Zentrum des Quartiers markiert klar die katholische Pfarrkirche St. Josef mit ihrem über 90 Meter hohen Westturm, dem höchsten der Stadt. Der neogotische Sakralbau wurde Ende des 19. Jahrhunderts im Zuge der südlichen Stadterweiterung nach Plänen des Düsseldorfer Architekten Josef Kleesattel erbaut. Ihre besondere Wirkung verdankt die Kirche dabei nicht nur ihrer klaren und ausgewogenen äußeren Gestalt sowie dem weithin sichtbaren, ortsbildprägenden Turm, sondern vor allem der gelungenen städtebaulichen Integration in das Gesamtgefüge.

St. Josef steht inmitten des gleichnamigen Platzes, der durch die geschmackvolle, »umarmende« Bebauung mit teils reich geschmückten Häusern aus der Zeit des Kirchenbaus wundervoll pittoresk, charmant und heimelig wirkt. Kirche wie Platz strahlen ungeheuren Frieden aus – und der Anblick des in den Himmel ragenden Turms verheißt schon aus der Ferne Ruhe und Gleichmut.

Adresse St.-Josef-Platz 3, 56068 Koblenz | ÖPNV Bus 1, 3, 11, 13, Haltestelle Sachsenstraße | Öffnungszeiten Kirche: Mo–So 9–17 Uhr | Tipp Das Kaiserin-Augusta-Denkmal, das 1896 zu Ehren der Gemahlin Wilhelms I. am weiten Eingang zu den historischen Rheinanlagen (Mainzer Straße) aufgestellt wurde. Die Porträt-Skulptur schuf der Bildhauer Karl Friedrich Moest. Der Aufbau stammt von dem Architekten Bruno Schmitz, der auch die Pläne für das originäre Kaiser-Wilhelm-Denkmal am Deutschen Eck lieferte.

54 Krautrock am Eck

Keep music progressive

Gerade im eher als bieder und betulich geltenden Koblenz spielten schon Anfang der 1970er die Pioniere der Krautrockszene lautstark auf. Zwischen 1970 und 1972 folgten sie jeweils im September dem Ruf eines gewissen Werner Jaeger, der in dieser Zeit am Deutschen Eck ein kostenfreies Festival unter freiem Himmel organisierte. So kamen spätere Größen progressiver deutscher Musik wie Birth Control, Guru Guru und Epitaph in einer ganz frühen Phase des sogenannten Krautrocks in die weinselige Stadt an Rhein und Mosel.

Am 11. August 1970 stellte Jaeger eine erste offizielle Anfrage, in der er die Absicht kundtat, nur drei Wochen später ein Frischluft-Jugendkonzert à la Woodstock veranstalten zu wollen. Und er sollte Erfolg damit haben. Wo 1970 nur regionale Bands vor 5.000 Leuten spielten, kamen in den beiden Folgejahren über 13.000 respektive 20.000 Zuschauer, um diversen Performances auch überregional bekannter Bands zu lauschen: Von Folk über Rock und Jazz bis hin zu ungeahnt »kosmischen« Klängen war alles geboten.

Der nichtssagende Begriff Krautrock, unter dem von etwa 1968 bis 1978 jegliche experimentelle Rock- und Popmusik aus Deutschland subsumiert wurde, versuchte Bands wie Can, Tangerine Dream, Amon Düül, Neu! und Kraftwerk in eine Schublade zu stecken. Das war natürlich Unsinn. Was all diese letztlich vereinte, war nicht der Musikstil, sondern das progressive Moment: Die Zeit war reif für etwas Eigenes! Eine alternative Musik, die sich nicht in der Nachahmung angloamerikanischer Vorbilder erschöpfte und einen extremen Kontrast zu dem suchte, was man bis dato unter deutscher Musik verstanden hatte – nämlich vornehmlich Schlager.

Gäbe es tatsächlich eine »Time Machine«, so würden wohl nicht wenige Musikbegeisterte in die ersten Jahre der 1970er zurückreisen, um am Deutschen Eck wieder in ungeahnte, rockige, jazzige, elektronische, sphärische Klangwelten abzutauchen.

Adresse Ecke Konrad-Adenauer-Ufer / Peter-Altmeier-Ufer, 56068 Koblenz | ÖPNV Bus 1, 11, Haltestelle Deutsches Eck / Seilbahn | Öffnungszeiten frei zugänglich | Tipp Das sogenannte Deutsche Eck war nicht immer dort, wo es jetzt ist: Das »Original« befindet sich aber ganz in der Nähe (siehe Ort 103).

55 Die Krypta

Das Kloster und das Fort

Kaum ein Reisender, der am Hauptbahnhof ankommt, dürfte das auf dem Plateau des gegenüberliegenden Bergsporns thronende, gelb leuchtende Fort Konstantin übersehen. Aber die wenigsten wissen vermutlich, dass das gut erhaltene Relikt der einstigen preußischen Festungsanlage auf dem Areal zweier untergegangener Klöster steht.

Unmittelbar nach dem Gang durch das Haupttor des Forts öffnet sich ein weiträumig ummauertes Gelände, das den Blick freigibt auf große Teile der Stadt. An recht zentraler Stelle des Innenhofs ist ein von einem Metallgitter abgeschlossener Bereich auszumachen, der erst einmal unspektakulär wirkt. Ebendort wurden bei archäologischen Grabungen Fundament- und Mauerreste einer mittelalterlichen Krypta entdeckt, die zu einer 1241 geweihten Klosterkirche gehörte. Denn wohl spätestens im 12. Jahrhundert gründeten Benediktiner an diesem Ort die Abtei St. Beatusberg – nach der die Anhöhe südwestlich der Stadt auch lange benannt war.

Im 14. Jahrhundert gingen die Besitztümer an den Kartäuserorden. Aus Beatusberg wurde Karthause – der Name des heutigen Ortsteils. Die alte Kirche der Benediktiner nun fiel während des Pfälzischen Erbfolgekrieges Ende des 17. Jahrhunderts den Bombardements zum Opfer. Die Kartäuser bauten zwar alsbald an derselben Stelle eine barocke Kirche, aber auch diese wurde von den Franzosen zerstört. In diesem Fall brachte Napoleon den Krieg inklusive anschließender Säkularisierung. Als die Preußen nicht mal zwei Dekaden später das Areal erwarben, rissen sie die Ruinen des Klosters weitestgehend ab und errichteten ihre Festung darüber.

Die erhaltenen Mauerreste, Säulenstümpfe und Treppenfundamente auf dem Plateau erinnern an die klerikalen Vorgängerbauten, die einst dort standen. Viel ist davon zwar nicht mehr zu sehen, aber die Spurensuche bringt einem die verflochtene Geschichte dieses Ortes plötzlich ganz nah.

Adresse Am Fort Konstantin, 56075 Koblenz (weiterführende Informationen, auch zu aktuellen Veranstaltungen im Fort, unter: www.pro-konstantin.de) | ÖPNV Bus 2, 12, Haltestelle Fort Konstantin, von dort 5 Minuten Fußweg | Öffnungszeiten Aktuelles auf der Internetseite von Pro Konstantin e. V. | Tipp Das Rheinische Fastnachtsmuseum im Kehlturm des Forts Konstantin am Fuße der Karthause (sehr begrenzte Öffnungszeiten, allgemeine wie aktuelle Informationen unter: www.fastnachtsmuseum-koblenz.de).

56 Die KUFA

Von der Industrie- zur Hochkultur

Dort, wo einst die größte Briefumschlagfabrik Europas produzierte, befindet sich seit den 1980ern die Kulturfabrik: ein soziokulturelles Zentrum und freies Theater für Kleinkunst. Längst gilt das Haus mit dem urbanen Flair weithin als Garant für hohe Qualität und inhaltliches Engagement. Untergebracht ist es in einem gründerzeitlichen, partiell graffitibesprühten Backsteingebäude, das bis zur Herrschaft der Nationalsozialisten Teil der 1862 gegründeten Couvertierfabrik Mayer-Alberti war. Im Jahr 1938 wurde die Produktionsstätte »arisiert«, die jüdischen Besitzer emigrierten daraufhin in die USA. Ein Großteil der Fabrikanlage wurde während des Zweiten Weltkriegs zerstört. Das bis heute bestehende Gebäude stand danach lange leer.

Bis sich 1980 das Tanztheater »Regenbogen« auf der Suche nach neuen Räumlichkeiten des Industrierelikts annahm und es mit großem Engagement zu einem Kulturzentrum ausbaute. In der Mittelrhein-Region entstand damit das erste freie Theater, das als wichtiger Impulsgeber und fruchtbare Keimzelle im Kulturbereich hervortreten sollte. Trotz aller Anstrengungen und Erfolge gaben die ersten Betreiber jedoch 1996 auf. Die Zukunft war erst mal ungewiss. Eine Bürgerinitiative, die sich daraufhin spontan formierte, sicherte den Erhalt der einzigarten Einrichtung: 18 Koblenzer übernahmen die KUFA GmbH und gingen mit neuer Kraft ans Werk. Seither wurde vieles verändert. Der Charme der ersten Stunde blieb indes glücklicherweise erhalten.

Das vielfältige Programm der Kulturfabrik umfasst neben Gastspielen aus den Bereichen Theater, Tanz, Kabarett, Musical und Chanson auch Produktionen diverser ortsansässiger freier Theatergruppen – so etwa des Koblenzer Jugendtheaters, das seit 1992 dort probt und aufführt. Die vielen kultur- und kunstpädagogischen Initiativen der KUFA verweisen auf deren hohe Bedeutung im Bereich der kulturellen Jugendarbeit.

Adresse Mayer-Alberti-Straße 11, 56070 Koblenz, www.kufa-koblenz.de | **ÖPNV** Bus 2, 5, 7, 12, 15, 30, Haltestelle Balduinbrücke, von dort 5 Minuten Fußweg | **Öffnungszeiten** Bürozeiten: Mo–Fr 10–16 Uhr (1. Stock) | **Tipp** Die Anfang der 2000er gebaute Tahir-Moschee in Lützel (Am Franzosenfriedhof 1) ist der erste islamische Sakralbau in Koblenz, dessen Funktion durch die zwei Minarette auch von außen direkt zu erkennen ist.

57 Der Kühkopf

Grüner Hausberg im Stadtwald

Es geht hoch hinaus, na ja, vergleichsweise hoch hinaus. Denn der im Stadtwald liegende Kühkopf misst ganze 382 Meter über Normalnull und ist damit die höchste Erhebung im Stadtgebiet. Wegen seines harten, gegen witterungsbedingte Abtragung resistenten Schädels aus Quarzit wird der aus seiner Umgebung herausragende Einzelberg geologisch auch als Härtling bezeichnet. Diese charakteristische »Dickköpfigkeit« hat der Koblenzer Hausberg mit anderen Hunsrückgipfeln gemein.

Als Naherholungsziel ist der Kühkopf bei naturverbundenen Ausflüglern äußerst beliebt, denn er gibt sich grün, familienfreundlich und pittoresk. Wanderfreunde schnüren dort gern ihre Stiefel, begeben sich auf Erkundungstour auf dem weitverzweigten Wegenetz des dichten Waldgebiets – hinauf zu seinem Gipfel. Auf ebendiesem steht aufrecht seit Mitte der 1970er der weithin sichtbare Fernmeldeturm Koblenz, mit immerhin 255 Meter Höhe das dritthöchste Bauwerk von Rheinland-Pfalz. Leider kann dieser weder mit einem Panoramacafé noch öffentlicher Zugänglichkeit überhaupt punkten. Aus Kostengründen hat man sich damals gegen diese Option entschieden.

Nach dem sanften Abstieg vom Hügel bietet sich die Möglichkeit zur gemütlichen Einkehr – am besten im »Forsthaus Kühkopf«, einem rustikal eingerichteten Lokal mit deftiger Küche und netter Terrasse. Seit Mitte des 19. Jahrhunderts bereits gibt es an diesem Ort eine Gastwirtschaft, und in umgestalteter Form besteht sie bis heute – zum Glück! Übrigens widmete der wanderlustige und populäre Mundartdichter Josef Cornelius 1890 dem Berg samt Forsthaus ein Gedicht, in dem er von einer unvergesslichen »Tour off de Kehkopp« berichtet, die gen Ende gehörig ins Wasser fällt. So beschließt er sein Poem mit den Worten: »Heil'jer Bimmbamm, niemols mieh mache ich en Waldpartie.« Daran sollte sich nun wirklich niemand ein Beispiel nehmen: Also, nix wie raus zum Kühkopf!

Adresse Kühkopf: Stadtwald Koblenz | ÖPNV Bus 620, 621, Haltestelle Kühkopf, von dort 5 Minuten Fußweg bis zum »Forsthaus Kühkopf« | Öffnungszeiten frei zugänglich (bis auf das abgesperrte Gelände um den Fernsehturm) | Tipp Eine Wanderung entlang des in den 1990ern angelegten archäologischen Lehrpfads, der teilweise auf der Trasse der historischen Römerstraße verläuft und einige interessante Stationen miteinander verbindet, unter anderem die keltische Grabhügelgruppe am Kühkopf und die römischen Siedlungsspuren am sogenannten Pastorenpfad.

58 Das Künstlerhaus

Im Sinne der Förderung von Kunst und Kultur

Der Grafiker und Maler Heijo Hangen (1927–2019), der als einer der wichtigsten Vertreter der Konkreten Kunst gilt, zählt aus vielerlei Gründen und ganz zu Recht zu den Sternen am Koblenzer Kunsthimmel. Insbesondere die von ihm Anfang der 1960er entwickelte Modulform machte ihn und sein Schaffen auch weit über die Region hinweg bekannt. Das einstige Wohnhaus des Künstlers inmitten der Goebensiedlung ist deshalb auch nicht schwer zu finden: Seine typischen Module zieren dezent eine Giebelseite des Gebäudes.

Die Siedlung selbst liegt in einer ruhigen, abgeschiedenen Ecke des Ortsteils Asterstein, direkt an Wiesen- und Ackerflächen. Hätte sie in Sachen städtischer Kunst- und Kulturgeschichte nicht so interessante Dinge zu erzählen, wäre der Verweis auf Hangens langjährigen Wohnsitz überflüssig, gar zweifelhaft. Jedoch war ebendort einst eine sehr bedeutsame Kultureinrichtung zu Hause: das Künstlerhaus Asterstein, in dem über Jahre hinweg etablierte wie junge Künstler materiell und ideell gefördert wurden.

Es wurde auf Anregung der Arbeitsgemeinschaft bildender Künstler am Mittelrhein (AKM) 1950 mit Mitteln der rheinland-pfälzischen Landesregierung eingerichtet. Zur Verfügung standen Ateliers und Wohnungen für insgesamt acht Maler und Bildhauer. Ein Teil der Räumlichkeiten wurde dauerhaft vermietet, ein anderer stand Jahresstipendiaten frei. Das lief gut bis 1958, dann wurde pausiert und andernorts gefördert. Eine Reaktivierung des zwölfmonatigen Stipendiums gab es 1993, aber 2004 kam dann das endgültige Ende des Förderprogramms in Koblenz.

Heijo Hangen war einer der ersten Stipendiaten des Künstlerhauses, und er ist der Stadt wie der Goebensiedlung immer treu geblieben. Mit seinem weithin geschätzten Werk steht er daher symbolisch für die wichtige und erfolgreiche Förderung von Kunst und Kultur auf dem Asterstein, die leider längst der Vergangenheit angehört.

Adresse Goebensiedlung 7, 56077 Koblenz | ÖPNV Bus 5, 15, 26, 29, Haltestelle Goebensiedlung, von dort 5 Minuten Fußweg | Öffnungszeiten nur von außen zu besichtigen (Privatsphäre der Bewohner bitte respektieren) | Tipp Das Haus Metternich (Münzplatz 7) dient seit 1964 als fester Ort für Wechselausstellungen der 1948 gegründeten AKM. Diese bis heute sehr aktive und bunt gemischte Künstlergruppe eröffnete den Asterstein-Stipendiaten die kontinuierliche Möglichkeit zur Ausstellung – und ebnete damit den Weg zur Anerkennung.

59 Die Leselounge

Gläserne Bücherbox im Festungspark

Öffentlich zugängliche »Bücherschränke« gibt es vielerorts, auch in Koblenz. Die Idee ist schließlich gut: Bereits gelesene Werke können auf unkomplizierte und nachhaltige Weise mit anderen Menschen getauscht werden.

Nun hat Koblenz in Sachen Leselust noch mehr zu bieten! Denn im Festungspark Ehrenbreitstein, hoch über den Dächern der Stadt, steht seit Oktober 2017 eine gläserne Leselounge. Die ist nicht taufrisch, aber sie strahlt in neuem Glanze. Während der Bundesgartenschau 2011 stand sie im Park des Kurfürstlichen Schlosses, verwahrloste aber nach Ende der Veranstaltung zusehends. Mittlerweile wurde sie restauriert und mit Unterstützung der Buchhandlung Reuffel mit genügend Lesestoff ausgestattet. Insgesamt stehen über 500 Bücher zur Auswahl. Das Beste daran ist: Jeder kann dort – ohne Formalitäten und ohne Gebühr – ausleihen. Allerdings sollten die Bücher nach der Lektüre auch wieder zurückgebracht werden.

Nach persönlichem Gusto kann man also die kleine Glasbox im herrlichen Landschaftspark aufsuchen, sich ein für den Moment passendes Büchlein aussuchen und es sich damit auf einer nahen Wiese oder Holzliege gemütlich machen. Lesend in der Sonne liegen, zwischendurch in den blauen Himmel schauen und ein kleines Nickerchen machen: Was will Mensch mehr an einem freien Sommertag? Wenn man Glück hat, dann steht – wie in Kindertagen – ein schrulliger Eiswagen in der Nähe, bei dem man sich eine Waffel mit der Lieblingssorte erstehen kann: La Dolce Vita auf dem Ehrenbreitstein!

Übrigens: Falls der Lesende arg Feuer fängt für ein literarisches Werk aus der Lounge oder das ausgeliehene Buch einfach zu dick ist, um es an einem Nachmittag zu schaffen, kann der Schmöker auch mit nach Hause genommen und dann beim nächsten Besuch des Festungsplateaus wieder zurück ins Regal gestellt werden. Und dieser folgt bestimmt sehr schnell, so schön, wie's dort oben ist!

Adresse Greiffenklaustraße (am Werk Bleidenberg), 56077 Koblenz | ÖPNV Bus 9, 19, Haltestelle Neudorfer Weg, von dort 10 Minuten Fußweg | Öffnungszeiten Fr 14–17 Uhr, Sa, So, Feiertage 11–17 Uhr (Mai–Okt.) | Tipp Der Kletterspielplatz Bleidenberg gegenüber der Leselounge: ein toller, phantasievoller, abwechslungsreicher Ort zum Toben – für die Kleinen wie die Großen.

60 Die Liesel

Schrullige Moselfähre am Deutschen Eck

In gerade mal zwei Minuten hat man das Ufer gewechselt. »Liesel« sei Dank! Das ist nicht nur praktisch, sondern einfach schön. In der Saison tuckert das türkisfarbene Boot täglich hin und her zwischen der Anlegestelle am Deutschen Eck und dem Neuendorfer Eck, wo der große Campingplatz liegt. In ungleichmäßigem Rhythmus, der durch die jeweilige Nachfrage bestimmt wird, geht es hin und zurück, von früh bis spät. Genügend Platz ist für über 20 Personen, auch Tiere und Räder dürfen mit – und ein lockerer Plausch mit dem Fährmann ist natürlich auch drin.

Die stoische Gleichmütigkeit, mit der das kleine Schiffchen seit Jahr und Tag über die Wasser der Mosel schwankt, hat etwas sehr Rührendes an sich. Nichts und niemand scheint die »Liesel« aus der Ruhe zu bringen – und das überträgt sich auf Fahrgäste, die für solche Stimmungen empfänglich sind. Ein paar Momente, in denen man sich ihrem »Herzschlag« anpasst und sich Zeit nimmt zum Schauen, Durchatmen und Freuen.

Besagte Ruhe bringt vielleicht die Lebenserfahrung mit sich, denn die Jüngste ist »Liesel« ja nun nicht mehr. Seit 1949 ist das 34 PS starke Boot im Dienst. Eingerichtet wurde der Fährbetrieb seinerzeit von Willi Schröder, der das kleine Schätzchen nach seiner Frau benannte. Noch heute befindet es sich im Familienbesitz. Als der Begründer des Unternehmens starb, wurde das Schiffchen von Willis Bruder Karl und später von dessen Sohn Manfred übernommen. Gegenwärtig wird der Betrieb von Manfreds Schwester Hannelore Schenk geführt. Tatkräftig unterstützt wird sie von ihrem Sohn, der in seiner Freizeit als Fährmann das Ruder übernimmt. Hannelore ist mit dem Boot aufgewachsen, hat mit ihm all die Jahre verlebt. Ist doch irgendwie logisch, dass sie will, dass das Moseljuwel noch lange Jahre weiter über den Fluss schippert. Es gibt halt Dinge, die sollten einfach so bleiben, wie sie sind. In diesem Sinne: Allseits gute Fahrt, liebe »Liesel«!

Adresse Peter-Altmeier-Ufer, 56068 Koblenz | ÖPNV Bus 1, 11, Haltestelle Eltzerhofstraße, von dort 4 Minuten Fußweg | Öffnungszeiten 9–20 Uhr (in der Regel Mai–Okt., am besten Aushänge beachten) | Tipp Die Fähre »Schängel« (Anlegestelle neben dem Pegelhaus, Konrad-Adenauer-Ufer 1): Auf der anderen Seite des Deutschen Ecks befördert sie Mensch und Tier über den Rhein nach Ehrenbreitstein. Ebenso für Personen geeignet, die sich die Fahrt mit der Seilbahn ersparen wollen: Vom Ortsteil Ehrenbreitstein fährt auch ein Schrägaufzug auf die Festung.

61 Der literarische Salon

Fuck you, Goethe

Der Name »Literarischer Salon« lässt romantische Bilder vor dem inneren Auge aufblitzen, aber überhöhte Erwartungen können nur enttäuscht werden. Der Anblick des grauen Wohnhauses mit der riesigen blauen Eingangstür in der Hofstraße 262 erfreut nicht gerade. Er macht sogar ein wenig sprachlos, wenn man bedenkt, dass dort, wo heute das Haus steht, im 19. Jahrhundert einer *der* Literatursalons am Rhein beheimatet war.

Hier in Ehrenbreitstein gingen nämlich die Größen der Aufklärung ein und aus, hier trafen Goethe, Wieland, Heinse, Lavater und andere aufeinander, tauschten sich aus und debattierten. Zu Gast waren sie bei der hochverehrten Hausherrin Sophie von La Roche, deren Mann von 1771 bis 1780 in Diensten des Trierer Kurfürsten Clemens Wenzeslaus stand. In dieser Zeit stand ihr gastfreundliches Heim dem geistigen Diskurs offen. Zudem die Dame auch selbst schrieb und damit sehr erfolgreich war. Gilt sie doch als erste deutsche Berufsschriftstellerin.

In dem früher existenten, repräsentativen Haus in der Hofstraße versammelte sie nicht nur die größten zeitgenössischen Literaten und Denker, sondern sie zog auch selbst welche auf. Denn dort wurden unter anderem Clemens Brentano und Bettina Brentano, spätere von Arnim, geboren: Sophie von La Roche war deren Großmutter und kümmerte sich um sie. Beide sollten in ihre schriftstellerischen Fußstapfen treten und Geschichte schreiben. Denk ich an Deutschland, denk ich an Romantik und Rheinromantik – und an die Brentano-Geschwister!

Nunmehr erinnert an der Stelle, an der die geistvolle Sophie den Enkeln Manieren und Sinn für Literatur beibrachte, lediglich eine Art Gedenktafel an die glanzvolle Zeit. Der Gedanke daran lässt das heutige Gebäude noch viel trauriger wirken. Nicht nur Goethe würde sich wohl im Grabe umdrehen, wenn er den einst so viel besungenen und geliebten Ort jetzt sehen könnte.

Adresse Hofstraße 262, 56077 Koblenz | **ÖPNV** Bus 8, 9, 10, 19, 22, Haltestelle Ehrenbreitstein Bhf. (Charlottenstraße) | **Öffnungszeiten** nur von außen zu besichtigen | **Tipp** Das 1874 errichtete Konradhaus (Kapuzinerplatz 135) diente einst als Offizierswohnheim und wurde zuletzt als Theater genutzt. Im Jahr 2014 wurde der laufende Spielbetrieb eingestellt. Die Räumlichkeiten sind für kulturelle Veranstaltungen und Theateraufführungen aber weiterhin buchbar.

62 Das LMAA-Haus

Bissiger Major spricht deutliche Worte

Es kann passieren, dass man während eines sonntäglichen Spaziergangs durch die Gassen von Neuendorf und am Rhein entlang irgendwann vor einem historischen Gebäude zum Stehen kommt, das die Aufmerksamkeit des Passanten förmlich einfordert.

Am Ufer 11 liest der Staunende über dem Torbogen des insgesamt eher unauffälligen Einfamilienhauses folgende Inschrift: »Dieses Haus und Hofe ist freij / Wer es nicht glauben wil, der leck mich im Arsch und gehe vorbeij«. Alle Achtung, das muss erst einmal sacken. Wollte der Schöpfer dieses derben Spruchs die Vorbeigehenden nun prophylaktisch abschrecken oder zum Widerspruch anregen? Nun, vielleicht beides. Zumindest lässt eine solch öffentliche Anbringung auf einen ganz speziellen und eigensinnigen Charakter schließen.

Erbaut wurde das Haus samt »schmückendem« Bogen 1732 von einem gewissen Christian von Nell, seines Zeichens Major in polnischen Diensten. Der zitierten Inschrift am Gebäude hat er zudem die Jahreszahl der Entstehung wie auch das Familienwappen beigeben lassen. Der Legende nach soll der Major allgemein recht exzentrisch gewesen sein, was nicht allzu sehr verwundern dürfte: So finden sich Erzählungen, dass von Nell, wenn er gut drauf war, die Treppe im Inneren seines Hauses mit einem Esel hinaufzureiten pflegte. Vielleicht fühlte der Herr mit dem Grautier eine innere Verwandtschaft, denn diesem werden doch auch eine gewisse Störrigkeit und viel Eigenwille nachgesagt.

Wie dem auch sei: Der Spruch an des Majors Haus soll daher resultieren, dass er lästernden Nachbarn zu verstehen geben wollte, dass sie sich aus seinen Angelegenheiten raushalten sollten. Er hatte wohl einige finanzielle Schwierigkeiten, die nicht unentdeckt blieben. Und wie das mit der Nachbarschaft auf dem Dorf halt manchmal so ist: Die haben sich das Maul zerrissen. Und von Nell konterte mit unmissverständlicher und allseits lesbarer Aussage.

Adresse Am Ufer 11, 56070 Koblenz | **ÖPNV** Bus 2, 12, Haltestelle Brenderweg, von dort 5 Minuten Fußweg | **Öffnungszeiten** nur von außen zu besichtigen (Privatbesitz) | **Tipp** Die Karlsgasse gilt, zumindest den Neuendorfern, als die engste Gasse von Koblenz.

63_Das Löwentor

Mythisches Wachpersonal an der Feste

Hin und wieder ist das sogenannte Löwentor eine Baustelle: Dann werden ein paar Lücken im Putz gefüllt und ihm ein frischer Anstrich verpasst. So ist das richtig, denn das historische Gebäude soll ja auch in Zukunft einen guten Eindruck machen.

Imposant ist das erhaltene Haupttor der ehemaligen Feste Kaiser Alexander, das im heutigen Stadtteil Karthause steht, nun allemal. Dabei haben die rechts und links neben dem Durchgang angebrachten animalischen Wesen an der beeindruckenden Wirkung des Baus einen nicht geringen Anteil. Es handelt sich bei den aus der einst bedeutenden Sayner Eisenhütte stammenden Gussfiguren indes nicht – wie der Name »Löwentor« vermuten lässt – um Löwen, sondern um Greife. Und diese sind keine real existierenden Tiere, sondern der menschlichen Phantasie entsprungene mythische Mischwesen, die aus einzelnen Körperteilen diverser Tiere gebildet sind.

So ist der Greif meist mit löwenartigem Leib und Raubvogelkopf mit mächtigem Schnabel, spitzen Ohren und Flügeln dargestellt. All diese Charakteristika unterstreichen seine symbolische Bedeutung und sind letztlich der Grund für den Einsatz auf Wappen, Schilden – oder auch an solchen Gebäuden. Denn das mythische Tier steht als Sinnbild für Stärke und Wachsamkeit. Eine ziemlich passende Deko für ein Bauwerk, das auf Verteidigung und Schutz ausgerichtet ist.

Die 1822 fertiggestellte Feste Kaiser Alexander, der das Tor als Haupteingang diente, war ihrerseits das Hauptwerk des gleichnamigen Systems Feste Kaiser Alexander – und Teil der preußischen Festung Koblenz und Ehrenbreitstein. Ihren Namen hat sie dem russischen Zaren Alexander I. zu verdanken, der ein wichtiger Verbündeter Preußens im Kampf gegen Napoleon war. Von der Bastion, die etwa dreimal so groß war wie die Festung Ehrenbreitstein, sind heute nur noch wenige Reste erhalten: Zu diesen zählt das prächtige Löwentor mit den tollen Greifen.

Adresse Am Löwentor, 56075 Koblenz | **ÖPNV** Bus 12, Haltestelle Löwentor | **Tipp** Das Denkmalareal Sayner Hütte im nahen Bendorf (www.saynerhuette.org): Die 1926 stillgelegte Hütte gehörte im 19. Jahrhundert zu den bedeutendsten preußischen Eisengießereien. Insbesondere die 1828–1830 errichtete historische Gießhalle, die als »Historisches Wahrzeichen der Ingenieurbaukunst« ausgezeichnet wurde, ist unbedingt sehenswert.

64 Die Lutherkapelle

Zum Tee bei Mendelssohns

Viel gibt es in Horchheim nicht mehr zu sehen von dem einst großen und prächtigen Besitz der deutsch-jüdischen Familie Mendelssohn. Zudem liegt das einzige erhaltene Gebäude ziemlich verborgen: Das von drei Seiten umbaute und somit fast eingeschlossene Garten- und Teehaus, das 1830 von dem Architekten Johann Claudius von Lassaulx errichtet wurde, ist alles, was an gebauter Substanz übrig geblieben ist. Da von dem ehedem frei stehenden Bau nur noch die zum Rhein hin liegende Fassade erkennbar ist, muss man erst einmal um den heutigen Gebäudekomplex herumgehen, um ihn überhaupt in Augenschein nehmen zu können.

Ein bisschen traurig ist dessen Anblick schon. Mit ein wenig Phantasie kann man sich aber vorstellen, wie schön das Haus mal gewesen sein muss und wie herrlich gelegen. Das zwischen den Jahren 1818 und 1825 nach und nach von dem Berliner Bankier Joseph Mendelssohn erworbene Grundstück mitsamt Weinbergen und repräsentativem Palais, das 1969 in Flammen aufging und daraufhin gänzlich abgerissen wurde, muss geradezu überwältigend gewesen sein. Das Anwesen reichte hinunter bis zum Fluss und war bepflanzt mit 70.000 Weinstöcken. Auf dem zum Rhein hin liegenden Teil ließ der Bauherr das Teehaus errichten, das heute direkt an der rechtsrheinischen Bahnstrecke liegt und seit den 1920ern als evangelische Lutherkapelle genutzt wird.

Mendelssohn war indes nicht nur begütert, sondern auch engagiert, wohltätig und gastfreundlich. Illustre Persönlichkeiten wurden im Horchheimer Palais empfangen. Auch sein Neffe, der Komponist Felix Mendelssohn Bartholdy, kam den Onkel mehrfach besuchen und arbeitete vor Ort an etlichen Kompositionen. So vollendete er etwa das zweite Klavierkonzert ebendort. Zur Erinnerung an seine Aufenthalte werden in Koblenz seit 1995 jährlich die »Mendelssohn-Tage« ausgerichtet, die sich mittlerweile eines überregionalen Interesses erfreuen.

Adresse Reiffenbergstraße 8, 56076 Koblenz | **ÖPNV** Bus 1, 6, 11, Haltestelle Mendelssohn | **Öffnungszeiten** nur von außen zu besichtigen | **Tipp** Der Mendelssohn-Park (entlang der Emser Straße) sowie die Mendelssohn-Allee am Rhein (erreichbar über den Wiesenpfad von der Emser Straße aus), wo noch die Linden aus der Zeit der Mendelssohns und des Teehauses stehen.

65_Das Luxor

Vom Programmkino zur Eventlocation

Die besten Jahre des alten Filmtheaters liegen lange zurück. Zu Beginn der 1950er von dem Bauunternehmer Paul Meissner errichtet und 1952 unter Leitung des Filmkaufmanns Jacob Balmes eröffnet, sollte das »Luxor« zwischen 1953 und 1955 nur eine kurze Blütezeit als erstklassiges Programmkino erleben. Bedeutende Filme, die heute zu den Klassikern zählen, wurden in Koblenz ebendort erstaufgeführt – so etwa das amerikanische Bürgerkriegsepos »Vom Winde verweht« oder Max Ophüls' letzter Film »Lola Montez«. Mit Balmes' Eröffnung des größeren Burg-Theaters am Münzplatz wurde indes bereits 1956 das Ende der Hochphase eingeläutet. Die Folge war, dass im »Luxor« bald nur noch Wiederholungen und zweit- wie drittklassige Streifen gezeigt wurden.

Das sollte sich so bald nicht ändern. Anfang der 1970er ging die Leitung in andere Hände über: Aus »Luxor« wurde »Monopol«. An der Ausrichtung änderte dies nichts. Die Kinokrise in den 1980ern gab dem Haus den Rest. Unter erneutem Führungswechsel wurde das »Monopol« schließlich zum Pornokino. Die barock-florale Samttapete, die bis heute die Wände des Vorführsaals schmückt, stammt vermutlich aus dieser Ära – aber auch diese endete 1992. Nach anschließender Nutzung als Musikkneipe fiel das einst furios gestartete Lichtspieltheater in einen mehrjährigen Dornröschenschlaf. 2012 wurde es daraus erweckt!

Die heutigen Besitzer und Enkel des Erbauers setzten alle Mühe daran, das einzige erhaltene 50er-Jahre-Kino der Stadt unter Erhalt des ursprünglichen Charakters der Räume in eine multifunktionale Veranstaltungsstätte umzuwandeln. Und das ist den beiden Brüdern gelungen. Zwar finden sich alle »durchlebten Epochen« im Detail wieder, doch die 1950er haben stilistisch die Nase vorn: Möbel, Lampen und Plakate erinnern betont an die Anfänge des Hauses. Es ist ein verborgener, nostalgischer, inspirierender Ort, dieses junge »Luxor« mit der alten Seele.

Adresse Frankenstraße 8, 56068 Koblenz, www.luxordielocation.com | **ÖPNV** Bus 1, 3, 11, 13, Haltestelle Schenkendorfplatz | **Öffnungszeiten** Die Räume können für Feierlichkeiten und Events gebucht werden. Im Rahmen von öffentlichen Veranstaltungen sind sie für jedermann zugänglich (aktuelle Ankündigungen auf der Homepage). | **Tipp** »Bukowskis Tresen« (Hohenzollernstraße 100): nette Kneipe mit gemütlicher Terrasse an baumbestandenem Platz in der schönen Südstadt. In unmittelbarer Nachbarschaft steht ein öffentlicher Bücherschrank, an dem man sich mit Lesestoff versorgen kann.

66 Die Mälzerei

Business as usual

Die Zeiten, in denen fast jede Brauerei ihr eigenes Malz herstellte, sind lange vorbei. Bis auf wenige Ausnahmen wird heute nur noch in international agierenden Großbetrieben produziert, die weltweit ausliefern. So verhält es sich auch bei der Mälzerei im Koblenzer Rheinhafen. Wer eine verklärt-romantische Vorstellung haben sollte, der wird bei dem Anblick der riesigen Industrieanlage schnell auf den Boden der Tatsachen geholt.

Noch bis 2006 gehörte die Mälzerei zur ehemaligen Friedrich Weissheimer Malzfabrik KG, die 1864 im nahen Andernach gegründet wurde. Zuletzt unterhielt diese fünf Standorte in Deutschland, an denen für die Bier- und Whiskyherstellung gemälzt wurde. Nachdem der Familienbetrieb 2006 Insolvenz anmeldete, wurden die wesentlichen Unternehmensteile an einen russischen Geschäftsmann veräußert, der daraus die Avangard Malz AG machte – mittlerweile eine der größten Mälzereien Europas.

Es gab Zeiten, da hatte Weissheimer mehr Glück – und andere Pech. Noch im 19. Jahrhundert war die Malzfabrik eine von 17 in Andernach, was sich mit Erfindung und Verbreitung der Kältetechnik durch Carl von Linde in den 1870ern änderte: Als eine von vieren überlebte Weissheimer das folgende Massensterben. Die kurze Blütezeit Andernachs in diesem Metier lässt sich unter anderem mit der Nähe zur einstigen Bierhochburg Mendig in der Osteifel erklären. Ab Mitte des 19. Jahrhunderts wurden die dortigen Stollen, die bis dahin dem Abbau von Basalt dienten, zu Gär- und Lagerkellern für fast 30 Brauereien umfunktioniert. Das Linde-Verfahren machte die »Naturkühlschränke« überflüssig. Folge war der Abzug der Brauereien aus Mendig und der Untergang der meisten Mälzereien in Andernach.

Weissheimer überstand diese schwierigen Zeiten, expandierte und stieg nach dem Zweiten Weltkrieg gar zeitweise zur größten Mälzerei Deutschlands auf. Mit der Zerschlagung 2006 ist nun auch dies Geschichte.

Adresse Fritz-Ludwig-Straße 7–9, 56070 Koblenz | ÖPNV Bus 12, Haltestelle Fritz-Ludwig-Straße, von dort 7 Minuten Fußweg | Öffnungszeiten nur von außen zu besichtigen | Tipp Gleich unterhalb der Mälzerei am Rhein befindet sich ein kleiner, überraschenderweise netter Sandstrand, an dem man eine kurze Erholungspause machen kann. Danach lohnt ein Ausflug auf die Insel Niederwerth, die dem Hafen gegenüber liegt und über eine Brücke vom rechtsrheinischen Vallendar aus erreichbar ist.

67 Die Märchenfiguren

Hänsel und Gretel am Regierungsgebäude

Meist wird der burgartige Baukomplex in den Rheinanlagen nur in seiner Gesamtgröße wahrgenommen, dabei bietet der Blick auf so manch ein Detail spannende Überraschungen. Um die phantasievollen Märchenfiguren am ehemaligen preußischen Regierungsgebäude überhaupt sehen zu können, ist allerdings nahes Herangehen und genaues Hinschauen erforderlich.

Die Fassade des Hauptgebäudes, das heute das Bundesamt für Ausrüstung, Informationstechnik und Nutzung der Bundeswehr (BAAINBw) beherbergt, bietet allerlei Ornament- und Figurenschmuck. An den kunstvollen Kapitellen rund um das Portal entdeckt man dann nach einigem Schauen eigentümliche Skulpturen, die man erst nach kurzem Überlegen als Märchen- oder Sagengestalten deuten kann. Die Gebrüder Grimm lassen grüßen. Da sind Rotkäppchen und der böse Wolf, die sieben Zwerge sowie Hänsel, Gretel und die fiese Hexe. Weitere Fabel- oder Mythenwesen wie Einhorn, Ritter und edle Dame verweisen auf mittelalterliche Epen und Minnegesänge.

Der repräsentative Bau, der zwischen 1902 und 1906 errichtet wurde, diente einst als Sitz der preußischen Regierung für den Regierungsbezirk Koblenz und des Hauptsteueramts.

Kaiser Wilhelm II. ließ das Gebäude im seinerzeit typischen Stil der Neoromanik bauen – mit bewusstem Rückgriff auf die Formensprache der Romanik, die als »altdeutsch« definiert wurde. Der Schmuck des Gebäudes mit Hänsel, Gretel, Hexe und Co. passt durchaus in diesen Zusammenhang. Seit der Romantik und noch weit ins 19. Jahrhundert hinein suchten Literaten, Maler, Architekten und Herrscher in der Ästhetik des Mittelalters sowie in altdeutschen Mythen, Sagen und Märchen den vermeintlichen Ursprung der eigenen Nation. Bestimmte Motive und Stile wurden in dieser Zeit sodann zum Inbegriff des »Deutschen« und deren Einsatz an öffentlichen Profanbauten – wie dem Koblenzer – hatte daher sicher eine identitätsstiftende Funktion.

Adresse Konrad-Adenauer-Ufer 8–12, 56068 Koblenz | ÖPNV Bus 1, 11, Haltestelle Rheinstraße/Fähre, von dort 4 Minuten Fußweg | Öffnungszeiten von außen jederzeit zu besichtigen | Tipp Der monumentale Bau des ehemaligen Grandhotels »Koblenzer Hof« (Konrad-Adenauer-Ufer 2–6) direkt nebenan, der in den Jahren 1912 bis 1913 errichtet wurde. Heute sind in diesem ebenfalls Teile des BAAINBw untergebracht.

68 Maria Himmelfahrt

Google Earth öffnet die Augen

Wahrlich ein monumentaler Sakralbau, den Architekt Max Christens Ende der 1950er für den späteren Stadtteil Asterstein geplant hat. Die katholische Pfarrkirche Maria Himmelfahrt erscheint schon auf den ersten Blick als etwas Besonderes: ein offensives Meisterwerk in Beton und Glas, das in seiner Plastizität überzeugt. Dabei wird das wirklich Einzigartige des Gebäudes erst sichtbar, wenn man den schlichten Innenraum betritt, gemächlich durchschreitet und sich an den Längs- und Querachsen entlangtastet. Das trapezförmige Hauptschiff mündet in den Altarraum, von dem die zwei leicht gebogenen Querschiffarme seitlich abgehen. Der ungewöhnliche Grundriss verweist auf die bedeutendste Reliquie des Doms zu Trier: den Heiligen Rock, die sagenumwobene Tunika Christi.

Nach dem Zweiten Weltkrieg wuchs die Bevölkerung im Siedlungsgebiet Asterstein derart an, dass ein neuer Kirchenbau für die 1955 gegründete Pfarrgemeinde hermusste. In einem Wettbewerb überzeugte der in Vallendar tätige Architekt Max Christens mit seinem strategisch klugen wie exzentrischen Entwurf. Er machte damit quasi eine zeitliche Punktlandung. Die Planungen für den Kirchenbau überschnitten sich mit einer frohen Botschaft des Trierer Bischofs Matthias Wehr, der 1958 eine Wallfahrt für das folgende Jahr ankündigte. Während dieser wurde der Heilige Rock öffentlich gezeigt, was nur im Abstand von Jahrzehnten passiert. Ebendann wurde in Asterstein die Kirche geweiht, welche die Konturen des heiligen Gewands nachzeichnet. Und deren Marienpatrozinium passt auch noch zum Ereignis. In der mittelalterlichen Legendenschreibung nämlich wird die Vorstellung tradiert, dass Maria ihrem Sohn die Tunika eigenhändig genäht habe.

Wer sich als Mensch einen guten Blick auf die Kirche aus der Vogelperspektive verschaffen will, der muss wohl ein Fluggerät zu Hilfe nehmen. Virtuell hilft Google Earth weiter.

Adresse Lehrhohl 40, 56077 Koblenz | ÖPNV Bus 15, 26, Haltestelle Lindenallee, von dort 2 Minuten Fußweg | Öffnungszeiten Die Kirche ist während des Sommers häufig, aber unregelmäßig geöffnet (aktuelle Zeiten am Schaukasten an der Kirche). | Tipp Das Bienhorntal (Ortsteil Pfaffendorf) bietet sich für einen kleinen Spaziergang an. Kurz hinter der Pfaffendorfer Kirche St. Peter und Paul und der Eisenbahnbrücke gelangt man in das waldreiche Tal, dessen Süd- und Südosthänge bis in die 1950er zum Weinanbau genutzt wurden. Davon zeugen noch heute die größtenteils überwucherten und verfallenen Terrassenmauern.

69 Der Martin-Gropius-Bau

Backsteinbau der Berliner Schule

Der sogenannte Martin-Gropius-Bau in der Nähe des Kapuzinerplatzes kann sich wirklich wieder sehen lassen. Das seit 2008 unter Denkmalschutz stehende Backsteingebäude, für das sich lange Jahre kein Investor fand, wurde 2010/11 umfassend saniert. Wobei durch den Anbau von Balkonen und den Einbau von Aufzugschächten wie Treppenaufgängen tiefgreifende Veränderungen vorgenommen wurden. Seit der Renovierung der historischen Mauern stehen moderne Wohnungen mit hohen Decken zur Verfügung. Um sich dort einzumieten, wird man indes etwas tiefer in die Tasche greifen müssen.

Aber wie dem auch sei: Historisch wichtige Bausubstanz wurde so vor dem Verfall oder Abriss bewahrt. Die jüngste Sanierung und Umnutzung des Martin-Gropius-Baus, eines für Koblenz wichtigen Zeugen der Backsteinkunst der Berliner Schule nach Schinkel, dürfte demnach durchaus als beispielhaft gelten. Das beeindruckende Klinkergebäude war einst das Haupthaus des ehemaligen preußischen Garnisonslazaretts der Festung Koblenz. Im Laufe des 20. Jahrhunderts diente es diversen Nutzern. Zuletzt waren Büro- und Lagerräume darin untergebracht.

Seinen heutigen Namen verdankt es dem Berliner Architekten Martin Gropius, der zusammen mit seinem – ebenfalls in Berlin tätigen – Kompagnon Heino Schmieden in den 1870ern die Pläne dafür lieferte. Nach Ausbildung am Königlichen Gewerbeinstitut in Berlin, einer der Vorläufereinrichtungen der Technischen Hochschule, machte Gropius eine glänzende Karriere. So war er ab 1869 Direktor aller preußischen Kunstschulen. Seine Entwürfe stehen dabei klar in der Tradition des von Karl Friedrich Schinkel geprägten Klassizismus. Übrigens lag die Begabung zur Architektur und zur öffentlichen Präsenz offenbar in der Familie: Großneffe von Martin Gropius war kein Geringerer als Walter Gropius, seines Zeichens Bauhaus-Begründer und bedeutender Wegbereiter der modernen Architektur.

Adresse Im Teichert 110a, 56076 Koblenz | **ÖPNV** Bus 8, 9, 10, 19, 33, Haltestelle Kapuzinerplatz/Fähre | **Öffnungszeiten** nur von außen zu besichtigen | **Tipp** Das »Café am Kapuzinerplatz« (Humboldtstraße 133) mit netter Außenterrasse: Bei Giovanni Varvaro gibt's hausgemachte Kuchen und kunstvoll zubereitete Kaffeespezialitäten. Den Besuch kann man gut mit einem Einkauf auf dem beliebten Ehrenbreitsteiner Wochenmarkt (mittwochs) verbinden.

70 Der Mehrgenerationengarten

Die Jungen lernen vom Wissen der Alten

Inmitten der engen Bebauung der Altstadt liegt unerwartet eine grüne Oase: der Garten Herlet, der 2011 seine Pforten öffnete. Eine hohe Schiefermauer umgibt das 850 Quadratmeter große Areal, das nach seiner letzten Besitzerin Agnes Herlet benannt ist. Über einen barrierefreien Rundweg ist alles gut erreichbar. Eine Rasenfläche, diverse ebenerdige Pflanzfelder und Hochbeete, ein Teich, mehrere Tische und Bänke laden zum Gärtnern und Verweilen ein. Nicht nur für die Menschen bietet dieser Garten Lebensraum. Denn der ökologische Anspruch, der in der naturnahen Gestaltung und Bepflanzung greifbar wird, hat zur Folge, dass auch vielerlei Insekten auf der Suche nach Nahrung und Unterschlupf angelockt werden.

Schon im 15. Jahrhundert war die Fläche als Garten ausgewiesen. Das änderte sich auch über die Jahrhunderte nicht. Bei der dichten innerstädtischen Bebauung ist das erstaunlich. Im Jahr 1980 schenkte schließlich Agnes Herlet das Gelände der Stadt mit dem Wunsch, dass dieses begrünt und älteren Menschen zugänglich gemacht werde. Die Erfüllung des Traums sollte lange dauern.

Zur BUGA 2011 wurde schließlich das Konzept eines generationenübergreifenden Schulgartens realisiert, das die nahe gelegenen Grundschulen sowie das Alten- und Pflegeheim Stiftung Eltzerhof einbinden sollte. Der Grundgedanke: Menschen aller Altersklassen werkeln zusammen und profitieren auf vielfältige Weise vom gegenseitigen Austausch. Die Idee war gut, teils aber haperte es an der Umsetzung. So werden unter anderem aufgrund eines vermeintlich geringen Allgemeininteresses der Bevölkerung aktuell Pläne eines Investors diskutiert, der in unmittelbarer Nachbarschaft des Gartens ein großes Hotel bauen möchte. Ob diese Entwicklungen das traurige Ende des grünen Kleinods und damit auch den Tod des Wunsches von Agnes Herlet bedeuten, bleibt abzuwarten – aber nicht zu hoffen!

Adresse Herletweg, 56068 Koblenz | ÖPNV Bus 1, 11, Haltestelle Eltzerhofstraße, von dort 3 Minuten Fußweg | Öffnungszeiten So–Fr 10–18 Uhr, Sa 10–19 Uhr (Mai–Sept.) | Tipp Das nach Joseph Görres benannte Görreshaus von 1865 (Eltzerhofstraße 6a), das seit 1985 Sitz, Proben- und Aufführungsort des Staatsorchesters Rheinische Philharmonie ist.

71 Der Moselbogen

Schwimmen im Fluss

Confluentia, wie die Römer die Stadt am Zusammenfluss von Rhein und Mosel nannten, bietet mannigfache Naherholungsorte. Und diese werden von Einheimischen wie Zugereisten viel genutzt. Die Lebendigkeit und Offenheit der kleinen Großstadt zeigt sich nicht zuletzt im Leben in den öffentlichen Freizeitanlagen. Die Koblenzer wissen genau, dass sie dort wohnen, wo andere gern die Ferien verbringen. Und sie nutzen dieses Wissen auf die denkbar klügste Art: Sie machen selbst jede freie Minute zum Kurzurlaub in ihrem »Kowelenz«.

Das Gute liegt ja so nah! Mal eben schnell mit dem Rad ins Grüne fahren? Kein Problem, denn die Wege sind meist gut und die schönsten Ziele schnell erreichbar. Wer an einem heißen Sommertag rasch der drückenden Innenstadtluft entkommen und sich in erfrischendem Nass abkühlen will, der fahre unbedingt an den Moselbogen. Der heißt so, weil ebendort Mosella eine weite Kurve um den Stadtteil Güls macht. Und dieser charmante, von steilen Wingerten umgebene Ort, der 1970 nach Koblenz eingemeindet wurde, hat sich glücklicherweise seinen dörflichen Charakter bewahrt.

Prima zu erreichen sind Güls wie Moselbogen auf einem Radweg, der auf der linken Moselseite in Richtung Cochem verläuft. Am Badeplatz angekommen, bietet sich dem Ruhesuchenden eine große, frei zugängliche Liegewiese, die meist nicht allzu überlaufen ist. Dort lässt es sich lesen, träumen, spielen – und schwimmen. Als Sahnehäubchen obendrauf gibt es beste Sicht auf die steilen Weinberge auf der gegenüberliegenden Flussseite. Wer bei diesem Anblick Lust auf einen spritzigen Riesling bekommt, der kann mit dem Genuss in der nächsten Gülser Straußwirtschaft beginnen. Wein wie Frischluft liebende Menschen, die länger bleiben möchten, stellen einfach ihre Zelte auf: Der Campingplatz am Moselbogen bietet sich an, auch für Ausflüge rund um Koblenz. Stadt, Land, Fluss – immer in Reichweite.

Adresse Am Gülser Moselbogen, 56072 Koblenz (links am Campingplatz vorbeigehen und den Weg hinunter zur Mosel nehmen) | ÖPNV Bus 13, Haltestelle Laubenhof, von dort 10 Minuten Fußweg | Öffnungszeiten frei zugänglich | Tipp In den Steilhängen des nahen Weinorts Winningen flattert der streng geschützte Mosel-Apollofalter umher. Die felsigen Südhänge und alten Weinbergmauern im Moseltal zwischen Koblenz und Trier sind generell ein idealer Lebensraum für diese stark gefährdete Tierart.

72 Die Originale

Pefferminzje, Dä Gummi und Spitals Andun

Koblenz war und ist reich an »Originalen«. Manchen von diesen hat man nach ihrem Ableben in der Stadt eine Art Denkmal gesetzt. Allerdings sind diese weder monumental noch pathetisch. Vielmehr erinnern sie augenzwinkernd an Menschen mit Ecken, Kanten und Schwächen. Die Steinskulpturen dreier solcher »Kowelenzer Originale« finden sich ganz nah beieinander. Gemeinsam haben die Verewigten, dass sie in der Altstadt weilten und wohl kein leichtes Leben hatten.

So steht im Etzegäßchen das von Katze und Hund umschmuste »Pefferminzje« – eine arme, tierliebe Frau, die vermutlich Annemarie Stein hieß und nach dem Ersten Weltkrieg nach Koblenz gekommen war. Sie verkaufte auf der Straße Süßigkeiten, darunter auch Pfefferminzbonbons. Durch die mit der Zeit weniger gewordenen Zähne soll sich das Wort Pfefferminz aus ihrem Mund wie »Peppermündje« angehört haben. Ganz in ihrer Nähe ist der von einem Kind begleitete, in Stein gemeißelte »Spitals Andun«, eigentlich Anton Barthel, anzutreffen. Der kleine, stadtbekannte Mann mit riesigen Füßen und großem Herzen wohnte während des Zweiten Weltkriegs im Bürgerhospital. An seinem Namenstag lief er herausgeputzt durch die Gassen, wurde von den Koblenzern reich beschenkt und verteilte die Gaben später an seine Mitbewohner im »Spital«. In der Mehlgasse steht schließlich das Denkmal für den Hausierer Peter Schneider, von allen nur »Dä Gummi« genannt. Dieser zog mit seinem Bauchladen umher und bot unter anderem Schnürsenkel, Bürsten und Putzmittel feil. Sein Spitzname rührt von seinem, wohl durch ein Nervenleiden verursachten, gummiartigen Gang.

Den dreien ist zu Lebzeiten bestimmt nicht nur Güte begegnet. Die posthume Würdigung unterstreicht aber, dass auch Menschen abseits der gängigen Normen, die auf den ersten Blick nichts Weltbewegendes geleistet haben, Anerkennung verdient haben – mitunter schlicht für das Meistern des Alltags.

Adresse Etzegäßchen (Pfefferminzje), Florinsmarkt/Mehlgasse (Dä Gummi), Ecke Gemüsegasse/Etzegäßchen (Spitals Andun), 56068 Koblenz | **ÖPNV** Bus 1, 11, Haltestelle Altstadt/Kornpfortstraße | **Öffnungszeiten** frei zugänglich | **Tipp** Das Café-Bistro »Pfefferminzje« (Mehlgasse 12), das sich inmitten der quirligen Altstadt befindet. Bei wärmeren Temperaturen lädt insbesondere die lauschige Außenterrasse im geschützten Innenhof zum längeren Verweilen ein.

73_Der Pegel

Man muss immer seinen Pegel kennen

Spätestens seit den tiefsinnigen Äußerungen des saarländischen Kabarettisten Gerd Dudenhöffer – alias Heinz Becker – wissen auch die benachbarten Rheinland-Pfälzer, das man gut daran tut, seinen persönlichen »Pegel« zu kennen. Das gilt nicht nur für den, der mit erhöhtem Alkoholgenuss zusammenhängt. In Koblenz zwischen Rhein und Mosel weiß man das seit Ewigkeiten: So ein Ort, der die genaue Überwachung des Pegels zur Aufgabe hat, gehört zur Grundausstattung einer Stadt, die zwischen zwei großen Flüssen liegt – und damit ständig der Gefahr von Hochwasser ausgesetzt ist.

Das historische Häuschen am Rhein, das diese Funktion schon im Namen trägt, sticht ins Auge. Seit 2011 um ein Stockwerk höher und mit Glasdach ausgestattet, befindet sich in dem Gebäude heute ein Restaurant mit schöner Terrasse. Neben dem alten Gewände des Eingangs sind an entsprechenden Marken deutlich die Höchststände der Rheinhochwasser abzulesen: Den bis dato ersten Platz belegt der 23. Dezember 1993 mit 949 Zentimetern. Bereits bei 650 Zentimetern wird die Schifffahrt eingestellt. Dieses Weihnachten dürfte wohl nicht nur sprichwörtlich ins Wasser gefallen sein.

Der Koblenzer Pegel überprüft den jeweiligen Stand der Dinge mittels Schwimmer im Rhein und übermittelt diesen elektronisch an die entsprechenden Stellen. Die königsblaue Pegeluhr von 1887, die neben dem achteckigen Haus steht, ermöglicht auch allen Passanten das Ablesen des Status quo und ist darüber hinaus sehr schön anzuschauen.

Auf Gemälden des 19. Jahrhunderts kann man übrigens noch sehen, welche Funktion das Pegelhaus vor seiner Inbetriebnahme 1839 hatte. Ursprünglich nämlich diente der Bau als Kran, mit weit ausragendem Hebearm auf dem Dach, zum Be- und Entladen von Schiffen: Dieser 1609–1611 erbaute Rheinkran verlor mit dem Ausbau der Moselwerft Ende des 19. Jahrhunderts aber seine Bedeutung und wurde umgenutzt.

Adresse Konrad-Adenauer-Ufer 1, 56068 Koblenz | **ÖPNV** Bus 1, 11, Haltestelle Rheinstraße/Fähre, von dort 4 Minuten Fußweg | **Öffnungszeiten** von außen jederzeit zu besichtigen | **Tipp** Das direkt am Rhein gelegene »C's« (Rheinstraße 2a) bietet Burger und Steaks, zubereitet von Sternekoch Christoph Schmah, zudem Spitzenweine aus der Region sowie eine respektable Auswahl an (Craft-)Bierspezialitäten, teils auch aus der Region.

74__Die Peter-Friedhofen-Kapelle

Haus im Haus

Hat man sich auf Entdeckungsreise durch Koblenz begeben, dann stellt man rasch fest, dass es in dieser Stadt viele versteckte Gärtchen gibt. Nicht selten stehen die umfriedeten »Paradiesgärtlein« im Zusammenhang mit Kirchen und Klöstern. Auch in diesem Fall ist das so. Inmitten der alten Florinspfaffengasse liegt hinter dem frisch sanierten Gebäude mit der Nummer 6, das mittlerweile als Peter-Friedhofen-Haus bekannt ist, ein vom Alltag und Lärm abgeschlossener Bereich. Der mit einer Pergola umfasste Innenhof ist nicht nur herrlich grün und schön bepflanzt, er birgt zudem ein kleines Heiligtum: die Peter-Friedhofen-Kapelle. Zugänglich sind Garten wie Sakralbau über das Café des Hauses, das im hinteren Bereich über eine kleine Terrasse verfügt.

Geht man durch dieses hindurch, so trifft man direkt auf das sakrale Kleinod aus unverputztem Bruchstein. Namensgeber für Haus wie Kapelle ist Peter Friedhofen, der 1850 die katholische Ordensgemeinschaft der Barmherzigen Brüder von Maria Hilf gegründet und in Koblenz das erste Mutterhaus eingerichtet hat. Noch zu Lebzeiten des 1985 von Papst Johannes Paul II. – wegen seiner Frömmigkeit und barmherzigen Hingabe für die Ärmsten der Stadt – Seliggesprochenen wurde die Kapelle nach Plänen des Kölner Architekten Vinzenz Statz gebaut und 1855 geweiht. Friedhofen starb 1860, mit nur 41 Jahren.

Später wurde das Mutterhaus der von ihm gegründeten Ordensgemeinschaft nach Trier verlegt. Das hübsche Kapellchen in der Florinspfaffengasse geriet mehr und mehr in Vergessenheit. Nach über 120 Jahren – und der zweijährigen Sanierung des Altbestands sowie der Erweiterung der Klostergebäude – kamen die Barmherzigen Brüder 2013 zurück in ihr einstiges Stammhaus in der Koblenzer Altstadt. Die Zentrale der Gemeinschaft, die sich dezidiert für kranke, alte und sozial benachteiligte Menschen einsetzt, befindet sich weiterhin in Trier.

Adresse Florinspfaffengasse 6, 56068 Koblenz | ÖPNV Bus 1, 11, Haltestelle Altstadt/Kornpfortstraße | Öffnungszeiten Kapelle: zu den Gottesdiensten (aktuelle Zeiten auf der Internetseite der Barmherzigen Brüder von Maria Hilf, www.brueder.info) | Tipp Bei »Egelosia« (Braugasse 6) bekommt man das wahrscheinlich beste Eis der Stadt: Die Menschenschlange vor der Theke ist meist entsprechend lang. Neben einer breiten Auswahl an Milcheissorten gibt es auch viele bunte Sorbets im Angebot. Und wer mal eine Feier mit Eiswagen machen will, der kann sich diesen einfach bestellen und mit den Lieblingssorten bestücken lassen.

75 Die Pfarrer-Kraus-Anlagen

Landschaftsbilderbibel zu Arenberg

Auch die besten Kenner des bayerischen »Märchenkönigs« Ludwig II. dürften sich beim Anblick der Pfarrer-Kraus-Anlagen die Augen reiben. Zwischen Arenberg und Immendorf liegt dieser weitläufige Park. Voller verwunschener Ecken und verschlungener Pfade, mit altem Baumbestand und viel Getier, das zwischen dem Grün zwitschert, brummt und fiept. Aber das ist nur Kulisse.

Zwischen 1845 und 1860 wurde hier von Pfarrer Johann Baptist Kraus ein »Gesamtkunstwerk« ganz eigenartiger Schönheit und Strahlkraft geschaffen: eine Landschaftsbilderbibel, die von tiefer Frömmigkeit und reger Phantasie geprägt ist. Durch das 1,5 Hektar große Areal führt ein etwa 1,2 Kilometer langer Rundweg, vorbei an circa 60 Kapellen, Grotten, Bildstöcken und Heiligenfiguren, die in verschiedene Themenabschnitte eingegliedert sind – etwa den Erlöser- und den Antoniusgarten.

Beim Bau der einzelnen Objekte wurden mannigfache Materialien in allen nur denkbaren Größen, Formen und Farben verwendet: Holz, Natur- und Kunststein, Terrakotta, Muscheln und vieles mehr. Des Pfarrers Absicht lag nun unter anderem darin, den »geistig Armen«, also den des Lesens und Schreibens nicht Mächtigen, die christlichen Glaubensinhalte anschaulich und eindringlich näherzubringen. Und viele Menschen sollten sich davon angezogen fühlen: Bis in die 1960er Jahre war Arenberg – nicht zuletzt wegen des Pfarrers Parkanlage – ein bedeutender Wallfahrtsort.

Schon allein der sensibel und abwechslungsreich gestaltete Garten macht den Besuch der gleichsam skurrilen und charmanten wie tendenziell »kitschigen« Anlage lohnenswert. Kraus hat nicht nur eine einzigartige Bilderbibel geschaffen, sondern auch ein ganz besonderes Naturrefugium für Pflanzen, Tiere und Menschen. Man muss nicht an den Gekreuzigten glauben, um sich an diesem Ort tief berührt zu fühlen. Ob man das jetzt Spiritualität nennen mag oder nicht, bleibt jedem selbst überlassen.

Adresse Immendorfer Straße 8 (Eingang beim Pfarramt St. Joseph), 56077 Koblenz | ÖPNV Bus 9, 19, 166, Haltestelle Arenberg Kirche | Öffnungszeiten Parkanlage: Mo–So 9–17 Uhr frei zugänglich, Kapellen: nur in der Zeit von Karfreitag bis Allerheiligen (in der Sommersaison wird jeden Freitag um 14.30 Uhr eine kostenfreie Führung angeboten, Treffpunkt vor der Kirche, Spenden zum Erhalt der Anlage sind willkommen) | Tipp Die Pfarr- und Wallfahrtskirche St. Nikolaus am Eingang der Anlagen, die in den Jahren 1860–72 ebenfalls nach Plänen von Pfarrer Kraus erbaut wurde.

76 Die Pianofortefabrik

Klavierbaukunst in Perfektion

»Erinnere mich nicht, dass mich je ein Flügel so entzückt hat.« Mit diesen Worten lobte Johannes Brahms die Mand'sche Qualitätsware aus Koblenz. Und er befand sich in illustrer Gesellschaft, denn viele Musikergrößen des 19. Jahrhunderts äußerten sich ausnehmend positiv über die Instrumente des im heutigen Ortsteil Horchheim geborenen Klavierbauers Carl Mand. Von Clara Schumann über Franz Liszt bis zu Edvard Grieg bestätigten alle deren »unvergleichliche Tonschönheit, Eleganz des Anschlages und unverwüstliche Solidität«. Da Mand, wie auch später sein Sohn und Nachfolger mit gleichem Vornamen, geschäftstüchtig war, wurden solche Bewertungen auch gern in Sachen Marketing und Werbung eingesetzt.

Nach Ausbildung in Wien gründete Mand senior 1835 seine Koblenzer Pianofortefabrik. Er legte damit den Grundstein für eine internationale Erfolgsgeschichte. Die vielfach ausgezeichneten Klaviere genossen einen tadellosen Ruf, und entsprechend verkauften sie sich – in hohe und höchste gesellschaftliche Kreise. Seit 1853 durfte sich das Unternehmen gar als »Königlich-Preußischer Hoflieferant« bezeichnen. Ihre größte Ausdehnung erreichte die Firma ab 1866 mit der Ansiedlung in der Schlossstraße. Zu diesem Zeitpunkt trat auch der Sohn in die Firma ein. Von den dortigen Gebäuden ist – zumindest oberirdisch – nichts mehr erhalten. Indes ist das Haus, in dem Mand davor und ab etwa Mitte der 1840er ansässig war, noch existent: Das einst Heddesdorfer Hof genannte Anwesen vom Ende des 17. Jahrhunderts steht in der Kornpfortstraße 6 (damals 205).

Nach dem Tod der beiden Mands wurde das Unternehmen Anfang des 20. Jahrhunderts in eine Aktiengesellschaft umgewandelt und firmierte seither unter »Rheinische Pianofortefabriken A. G. vormals Mand«. Die Geschäfte liefen weiter gut, es wurde sogar expandiert – bis die Weltwirtschaftskrise den Niedergang und 1930 die Auflösung brachte.

Adresse Kornpfortstraße 6, 56068 Koblenz | ÖPNV Bus 1, 11, Haltestelle Altstadt/ Kornpfortstraße | Öffnungszeiten nur von außen zu besichtigen | Tipp Das Schloss Engers in Neuwied (Alte Schlossstraße 2) beherbergt mehrere Mand-Klaviere, die im Rahmen von Konzerten sowie sonntags von 11 bis 17 Uhr angeschaut werden können. Wer in Koblenz einen MandFlügel im Einsatz erleben will, der sollte ein Konzert im Künstleratelier von Eva Maria Enders besuchen, das zur »GenussWerkstatt« (siehe Ort 27) gehört (Clemensstraße 16).

77 Die Plattform

Über den Klippen des Ehrenbreitsteins

Auf der rechten Rheinseite thront oberhalb des Ortsteils Ehrenbreitstein die gleichnamige Festung auf einem 114 Meter hohen, steil aufragenden Felssporn. Anlässlich der Bundesgartenschau 2011 wurden die gewaltigen Verteidigungsanlagen durch das Land Rheinland-Pfalz komplett saniert. Zudem entstand auf dem »freien Schussfeld« der Festung ein großzügiger Landschaftspark mit weiten Rasenflächen, üppigen Blumenrabatten und lauschigen Plätzchen, der zum Gehen, Genießen und Entspannen einlädt. In Anlehnung an die militärische Geschichte der Feste folgt die Wegeführung auf dem »Schussfeld« den unterirdischen Minengängen.

Beim Flanieren durch die Grünanlage sticht eine expressive Holzkonstruktion am einen Ende des Festungsparks ganz besonders ins Auge. Es handelt sich dabei um einen großen, offenen, barrierefreien Bau mit mehreren Ebenen, der in Teilen über die Felsen des Ehrenbreitsteins hinausragt. Es gibt viele Gründe, das Festungsplateau zu besuchen: Diese extravagante Aussichtsplattform ist einer davon. Während der BUGA 2011 wurde sie als Zuschauertribüne genutzt, und bis heute bietet sie grandiose Ausblicke auf die Stadt Koblenz und das weite Umland.

Der lässige »Skywalk« in mehr oder minder luftiger Höhe lohnt sich dabei unbedingt: Ein lustiges Kribbeln in den Beinen ist möglich, ein phantastisches Panorama ist garantiert! Eine bessere Aussicht auf das Deutsche Eck, wo Rhein und Mosel sich vereinen, kann es kaum geben. Und das viel besungene Weltkulturerbe Oberes Mittelrheintal liegt einem in seiner vollen Pracht zu Füßen und verleitet zum romantischen Träumen.

Nur zur Warnung: Die Stadt hat die Anbringung von »Liebesschlössern« an dem Metallgeländer der Plattform wohlweislich verboten. Aber wozu auch überall sichtbare Zuneigungsbezeugungen anheften? Der innere Gleichklang sollte doch ausreichen, und der ist dort oben auf dem Ehrenbreitstein gewiss.

Adresse Greiffenklaustraße, 56077 Koblenz | ÖPNV Bus 9, 19, Haltestelle Neudorfer Weg, von dort 10 Minuten Fußweg | Öffnungszeiten frei zugänglich | Tipp Das Landesmuseum Koblenz auf der Festung Ehrenbreitstein mit Schwerpunkten in den Bereichen Archäologie, Kultur- und Wirtschaftsgeschichte sowie Fotografie, das in mehreren Abteilungen Dauer- wie Wechselausstellungen präsentiert.

78_Die Pumpstation II

Zur Sicherung der städtischen Wasserversorgung

In der westlichen Welt lebende Menschen müssen sich in der Regel keine Gedanken um den Zugang zu sauberem Wasser machen. Das war aber natürlich nicht immer so.

In Koblenz stellte man die Wasserversorgung bis ins 19. Jahrhundert über Ziehbrunnen sicher. In den 1780ern ließ der letzte Trierer Kurfürst Clemens Wenzeslaus von Sachsen die erste Wasserleitung von Metternich, wo es Zugang zu frischem Quellwasser gab, nach Koblenz legen. Zuallererst dachte er dabei an sich und sorgte für Frischwasser in seinem neu erbauten Schloss. Danach erst folgten die Untertanen: 1791 wurde der öffentliche Clemensbrunnen in der Altstadt aufgestellt. Zwei weitere Brunnen im Stadtgebiet folgten in französischer Zeit: 1806 und 1812. Erst Dekaden später wurde die Wasserversorgung in Koblenz weiter ausgebaut. Das war auch bitter nötig, denn die Bevölkerung wuchs rasant, und die Wasserqualität ließ zu wünschen übrig.

In den 1880ern wurde die erste Pumpstation auf dem Oberwerth errichtet. Aber auch diese kam bald an ihre Grenzen. Bereits 1904 wurde daher die Pumpstation II nach Plänen des Stadtbaurats Friedrich Wilhelm Mäckler gebaut. Bis 1920 sollten zwei weitere folgen. Nachdem in den 1950ern auf dem Oberwerth ein neues Wasserwerk inklusive Brunnen und Pumpwerk entstanden war, hatte die Pumpstation II ausgedient. Nach wie vor steht sie auf dem weiträumigen Werksgelände der Wasserwerke.

Das zwischen Stadion und Rhein liegende Areal ist indes weiträumig abgesperrt, sodass man lediglich von außerhalb einen Blick auf das denkmalgeschützte Bauwerk werfen kann. Das gelingt am ehesten im Herbst und Winter, wenn die Bäume kahl sind. Sobald der Blattaustrieb erfolgt ist, liegt der pittoreske Bau mit dem stolz behelmten Schlauchturm im Verborgenen. Aber das Suchen lohnt: Die Pumpstation II ist ein echtes Schmuckstück aus gelbem und rotem Backstein, das gefunden werden will.

Adresse Jahnstraße, 56075 Koblenz (Gelände zwischen Stadion und Rhein) | **ÖPNV** Bus 3, 13, Haltestelle Schillerstraße, von dort durch den Tunnel unter der Bahntrasse, dann immer weiter geradeaus, circa 5 Minuten Fußweg | **Öffnungszeiten** nur von außen zu besichtigen (aus der Entfernung) | **Tipp** Das Stadion Oberwerth im gleichnamigen Sportpark ist die Heimstätte des Fußballvereins TuS Koblenz. Es geht zurück auf ein seit den 1920er Jahren bestehendes Stadion, das unter den Nationalsozialisten ausgebaut und 1935 von dem damaligen Oberbürgermeister Otto Wittgen als »Hermann-Göring-Kampfbahn« eingeweiht wurde.

79 Das Reduit

Rückzug auf Fort Asterstein

Manchmal wünscht man sich, dass man einfach die Flügel ausbreiten und in den Himmel aufsteigen könnte. Das Reduit des Forts Asterstein etwa aus der Vogelperspektive zu betrachten muss ein tolles Erlebnis sein.

Schaut man sich Aufnahmen vom Fort an, die mit Hilfe einer Drohne gemacht sind, dann kann man deutlich erkennen, wie sehr die Natur versucht, einst verlorenes Gebiet zurückzuerobern. So hat das Dach des Forts eine urwüchsige, üppige Begrünung aus Gräsern und Sträuchern, was seine runde Form mit der Durchgangsöffnung auf der einen Seite betont, es gleichsam aber auch in die grüne Umgebung einbindet. In den Ritzen der alten Mauern haben hie und da die Samen von Bäumen gekeimt und wachsen in die Höhe, solange man sie lässt. Auf den Freiflächen wuchern als Unkraut verschriene Wildkräuter und bunte Blumen.

Wie so viele Koblenzer Ruinen ist auch das in den 1820ern gebaute Fort Asterstein ein Relikt aus der preußischen Zeit. Und wie die anderen Festungsanlagen wurde auch diese infolge der Bestimmungen des Versailler Vertrags in den 1920ern geschleift, sodass außer dem zweistöckigen, kasemattierten und vergleichsweise gut erhaltenen Reduit nicht mehr viel übrig ist. Einst lag dieser Teil der Festungsanlage im Rücken des Forts und war dessen Kernwerk, das im Notfall dem Rückzug der Besatzung dienen sollte.

Seit Jahren schon finden innerhalb des Reduits mit dem großen, halb geschlossenen Innenhof Kulturveranstaltungen – wie Konzerte und Lesungen – statt. Auch das Festival »Djangos Erben«, das von Mitgliedern der Koblenzer Sinti-Familie Reinhardt organisiert wird, gehört seit der Jahrtausendwende zum jährlichen Sommerprogramm in den alten Mauern. Derzeit stehen die Chancen nicht schlecht, dass zukünftig noch viel mehr in dieser Richtung passieren könnte – rund um das atmosphärische Bauwerk mit dem ungeheuren Potenzial. Zu wünschen wär's: den Menschen wie dem Fort!

Adresse Kolonnenweg 11, 56077 Koblenz | **ÖPNV** Bus 15, 26, Haltestelle Lullo-Reinhardt-Platz, von dort 6 Minuten Fußweg | **Öffnungszeiten** nur von außen zu besichtigen | **Tipp** Der Sportplatz »Auf der Alm« des legendären Sinti-Fußballclubs »SV Reinhardts Elf Asterstein« (Lindenallee) direkt oberhalb von Fort Asterstein.

80__Der Remstecken

Wildpark und Waldökostation

Nur ein paar Kilometer südlich von Koblenz liegt hoch über der Stadt ein kleines Paradies für ruhesuchende Menschen, deren Sinne nach Wald, Wiesen und Wild verlangen. Der Remstecken, mit 320 Meter Höhe gar nicht mal so niedrig für Koblenzer Verhältnisse, ist ein etwa 20 Hektar großer Wildpark mit einem weitläufigen Netz an Wanderwegen und vielen lauschigen Plätzchen.

Allerlei Getier tummelt sich in den angelegten Freigehegen: Heimisches Rot-, Dam- und Schwarzwild äst und wühlt neben ostasiatischen Sikahirschen. Ziegen, Hasen und diverses Federvieh – von den Entenartigen bis zu den Singvögeln – sind dort zu Hause, können ausgiebig beobachtet und zärtlich gefüttert werden. Manche der tierischen Gesellen lassen sich bei gegenseitiger Sympathie gar ihr weiches Fell streicheln. Wer nach der Kuscheleinlage noch größere Strecken per pedes zurücklegen will, der kann schöne Touren von hier aus starten. So führen etwa Wege durch den Wald zu schützenswerten Streuobstwiesen oberhalb von Waldesch oder an murmelnden Bächen entlang hinab zur Mosel in Richtung der Ortsteile Moselweiß und Lay.

Umfassendes Wissen über die regionale Natur und ihre Bewohner vermittelt die seit 1992 vom Umweltamt der Stadt Koblenz betriebene Waldökostation auf dem Remstecken. Zum Naturzentrum gehört unter anderem ein gut bestückter Bauerngarten, in dem die dort gedeihenden Nutz- und Heilpflanzen betrachtet und bestimmt werden können. Bei dem abwechslungsreichen Veranstaltungsprogramm mit Wanderungen, Fachvorträgen und Lernaktivitäten dürfte jeder Geschmack und jedes Alter fündig werden. Im Sommer findet der naturnahe Unterricht übrigens im »Klassenzimmer« unter freiem Himmel statt. Kann es einen besseren Lernort als diesen im Koblenzer Stadtwald geben, mitten auf einer saftigen Wiese mit Gänseblümchen und umherflatternden Schmetterlingen? Kaum vorstellbar!

Adresse Wildpark und Waldökostation Remstecken, 56075 Koblenz (gegenüber der Waldökostation befindet sich das Hotel-Restaurant »Forsthaus Remstecken«) | ÖPNV Bus 620, 621, Haltestelle Remstecken, von dort 5 Minuten Fußweg bis zum »Forsthaus Remstecken« | Öffnungszeiten Wildfreigehege ganzjährig durchgehend geöffnet | Tipp Die teilrekonstruierten Grundmauern einer römischen Villa Rustica, deren Kern ins erste nachchristliche Jahrhundert datiert wird. Die Ausgrabungsstelle ist über einen Fußweg vom Wildpark aus erreichbar.

81 Die Rheinische Republik

Separatisten besetzen das Schloss

Das Kurfürstliche Schloss war im Laufe seiner über 200-jährigen Geschichte nicht nur Residenz wechselnder Machthaber, sondern auch Schauplatz turbulenter politischer Ereignisse. Im Oktober 1923 etwa proklamierten dort Separatisten die sogenannte Rheinische Republik: Für ein paar Wochen sollte Koblenz die Hauptstadt eines unabhängigen, von Preußen losgelösten westdeutschen Staats unter dem Protektorat Frankreichs sein.

Schon vor Abschluss des Versailler Vertrags 1919 kam es zu separatistischen Aufständen, denen indes keinerlei Erfolg beschieden war. Nachdem aber im Januar 1923 belgische und französische Truppen das Ruhrgebiet besetzt hatten – mit der Begründung, dass die Deutschen ihren in besagtem Friedensvertrag festgelegten Reparationsverpflichtungen nicht nachkamen –, standen die Zeichen auf Sturm. Langfristig wollten die Franzosen die linksrheinischen Gebiete unter ihre Herrschaft bringen: Die Loslösung von Preußen war also ganz in ihrem Sinne. Oberflächlich betrachtet trafen sich ihre Interessen mit jenen der Separatisten, weshalb sie Letztere finanziell wie strukturell unterstützten.

Nach Aufständen in Aachen und andernorts folgte mit Hilfe des französischen Militärs am 23. Oktober die Besetzung des Koblenzer Schlosses, das der Rheinischen Republik unter »Ministerpräsident« Josef Friedrich Matthes als Regierungssitz dienen sollte. Die Vision eines autonomen westdeutschen Staats sollte aber schon bald an der Realität scheitern. Aufgrund personeller Querelen im »Kabinett«, schlechter Organisation, mangelnder Unterstützung seitens der Bevölkerung und der raschen Distanzierung der Franzosen, die die Folge des amerikanischen wie britischen Einspruchs gegen das französische Vorgehen war, löste Matthes die provisorische Regierung der Republik bereits Ende November 1923 auf. Womit das kurze, heftige Intermezzo des rheinischen Separatismus in Koblenz beendet war.

Adresse Neustadt 24, 56068 Koblenz | ÖPNV Bus 1, 6, 7, 8, 9, 10, 11, 21, 33, Haltestelle Stadttheater / Schloss | Öffnungszeiten Außenanlagen frei zugänglich | Tipp Das Landeshauptarchiv Koblenz (Karmeliterstraße 1/3) ist das größte Archiv von Rheinland-Pfalz und neben Speyer das zweite Zentralarchiv der staatlichen Verwaltung des Landes. Dort werden relevante Dokumente aus Landesbehörden gesammelt, bewahrt und untersucht – und stehen auch allen externen (Hobby-)Forschern als Quellenmaterial zur Verfügung.

82__Der Rittersturz

Schauplatz bundesdeutscher Gründungsgeschichte

Südlich der Karthause befindet sich der sogenannte Rittersturz, ein im Stadtwald gelegener Aussichtspunkt, von dem es sich prima über das Mittelrheintal blicken lässt.

Die herausragende Lage eignete sich zur Ansiedlung einer Gaststätte, was ab Ende des 19. Jahrhunderts der Fall war. Seit 1927 dann wurde dort ein großes, äußerst beliebtes Berghotel betrieben, das ab 1928 auch mittels Standseilbahn vom Laubachtal aus erreicht werden konnte. Knapp drei Dekaden später musste deren Betrieb aus wirtschaftlichen Gründen eingestellt werden. Auch das Berghotel gibt es schon lange nicht mehr: Es wurde 1972 abgerissen, weil es den steilen Hang hinunterzurutschen drohte.

Heute bietet das hoch gelegene Plateau vor allem eine Lektion in Sachen Nachkriegshistorie. Denn das einstige Hotel war nicht nur beliebte Naherholungsstätte. In ihm fand mit der Rittersturz-Konferenz vom 8. bis zum 10. Juli 1948 ein für die deutsche Geschichte wichtiges Ereignis statt. Auf Einladung des rheinland-pfälzischen Ministerpräsidenten Peter Altmeier kamen damals die Ministerpräsidenten der westlichen Besatzungszonen nach Koblenz, um die von den Westalliierten vorgelegten »Frankfurter Dokumente« zu beraten. In diesen ging es um die Gründung eines Weststaats. Die Konferenzteilnehmer sprachen sich indes gegen diese Forderung und für den einstweiligen Zusammenschluss der westlichen Besatzungszonen zur Bundesrepublik Deutschland aus. Sie stellten überdies die Weichen für das Grundgesetz, das die Option zum späteren Beitritt der ostdeutschen Länder beinhaltete.

Zur Erinnerung an dieses Politikum wurde 1978 auf der Freifläche des Rittersturzes eine Basaltstele aufgestellt. In ihrer Dreigliedrigkeit soll sie die Säulen des demokratischen Staatswesens symbolisieren: Legislative, Judikative, Exekutive. Die erst 2008 angelegten Felder, die das Denkmal strahlenförmig umgeben, stehen für die 16 Bundesländer des wiedervereinigten Deutschlands.

Adresse Stadtwald Koblenz | **ÖPNV** Bus 670, Haltestelle CGM ARENA / B 9, von dort 10 Minuten Fußweg | **Anfahrt** von der B 327 über den Kühkopf oder vom Rhein, ausgehend vom Laubachtal, erreichbar | **Öffnungszeiten** frei zugänglich | **Tipp** Eine Wanderung entlang des in den 1990ern angelegten geologisch-landeskundlichen Lehrpfads, der im Bereich des Rittersturzes und des Kühkopfs verläuft. An insgesamt zwölf Stationen werden mittels Tafeln vielfältige Informationen zur Geologie des Rheintals vermittelt.

83 Das Rokokoportal

Der letzte Zeuge

Unvermittelt steht es da, dieses unglaubliche Tor, das in seiner Einsamkeit stark und verletzlich zugleich wirkt. Es markiert den Eingang zur dahinterliegenden Schule. Einerseits scheint es vollkommen fehl am Platze – zwischen der nicht immer glücklichen Nachkriegsbebauung und den vollgeparkten Straßen. Andererseits steht es an diesem Ort genau richtig.

Schaut man sich historische Fotos der Weißer Gasse an, kann man kaum glauben, wie sehr sich hier alles verändert hat. Bis zum Zweiten Weltkrieg bildete das Portal den Eingang zu einem geschützten Klosterbezirk der Dominikaner, die in der ersten Hälfte des 13. Jahrhunderts dort ansässig wurden. Eingerahmt von über Eck anschließenden Häusern, lag es an einem intimen Platz, in dessen Mitte ein Brunnen stand. Von dem ehemals lauschigen Plätzchen ist genauso wenig erhalten wie von der Klosteranlage. Große Teile des Areals – ob nun profan oder sakral – fielen den schweren Bombardements 1944 zum Opfer. Die klerikalen Bauten brannten bis auf die Umfassungsmauern aus. Von einem Wiederaufbau wurde in diesem Fall abgesehen: Die Ruinen wurden ab Mitte der 1950er abgerissen. Nur auf dem Hof der Schule erinnern noch einige Fundamente an den Chor der zerstörten Kirche.

Auch das Rokokoportal aus dem 18. Jahrhundert erlitt schwere Verletzungen, aber es wurde recht schnell nach dem Krieg restauriert. Das gilt mit Abstrichen auch für die bekrönende Figurengruppe, die den heiligen Dominikus, die Muttergottes und den heiligen Thomas von Aquin zeigt: Sie wurde zum Schutz vor den drohenden Bombardierungen bereits 1942 abgenommen und im Klosterkeller eingemauert. Trotz dieser Bemühungen »überlebte« auch sie nicht. Die originalen Skulpturen wurden erst in den 1960ern durch Nachbildungen des Koblenzer Bildhauers Rudi Scheuermann ersetzt. Da steht es also, das einsame Portal – als Zeuge der Vergangenheit und als Mahnmal für den Frieden.

Adresse Weißer Gasse 6 (Clemens-Brentano-/Overberg-Realschule plus), 56068 Koblenz | **ÖPNV** Bus 2, 5, 7, 12, 15, 30, Haltestelle Altengraben | **Öffnungszeiten** frei zugänglich | **Tipp** Das Portal des Pfarrhauses der Liebfrauenkirche (Florinspfaffengasse 14): Hierbei handelt es sich um das – später dort eingebaute – Hoftor des ebenfalls 1944 zerstörten Bassenheimer Hofes, der zwischen dem Dominikanerkloster in der Weißer Gasse und der Balduinbrücke stand.

84 Die Sammlung

Ein Paradies für Eisenbahnfanatiker

Selbst für Menschen, die nicht zu den ganz großen Enthusiasten in Sachen Eisenbahntechnik zählen, kann der Gang zum ehemaligen Bahnbetriebswerk des Güterbahnhofs Koblenz-Lützel interessant und spannend sein. Wer sich nun nicht detailliert mit der technischen Seite der Eisenbahnen und Lokomotiven auseinandersetzen möchte, der kann sich vielleicht an der Ästhetik der ausrangierten und gut umsorgten Fahrzeuge erfreuen.

Das seit 2001 bestehende DB-Museum in Koblenz wurde als erster Außenstandort des Nürnberger Verkehrsmuseums eröffnet und beherbergt mittlerweile eine umfangreiche Sammlung. Obgleich deren Schwerpunkt auf historischen Elektrolokomotiven und Salonwagen mit gehobener Ausstattung liegt, die einst so namhafte Personen wie Konrad Adenauer, Helmut Schmidt und Willy Brandt von A nach B transportierten, finden sich auch einige Dampfloks in der musealen Dauerausstellung. Die Fahrzeuge, die in der ehemaligen Wagenhalle stehen, sind nur zu den Öffnungszeiten zugänglich – und diese sind ziemlich begrenzt. Aber zum Glück bietet auch die bunte Ansammlung auf dem dazugehörigen Freigelände einige außergewöhnliche Stücke.

So steht dort etwa eine kobaltblaue Schönheit der späteren DB-Baureihe 181 aus dem Jahr 1967. Allerdings handelt es sich bei dem ausgestellten Modell um eine Besonderheit, weil diese E 310 – wie sie auf dem Nummernschild bezeichnet wird – als Prototyp der oben genannten Reihe gilt. Die 181er-Baureihe steht für Zweisystemlokomotiven, die ab 1968 insbesondere im grenzüberschreitenden Zugverkehr nach Frankreich und Luxemburg eingesetzt wurden. Solche Zweisystemfahrzeuge waren in der Lage, unter unterschiedlichen Stromsystemen zu fahren. Die Koblenzer Lok, die bis September 2003 beim Bahnbetriebswerk Saarbrücken unter der Bezeichnung 181 001-9 im Einsatz war, bekam im Museum nun wieder ihren ursprünglichen Prototypnamen zurück.

Adresse Schönbornsluster Straße 14, 56070 Koblenz, www.dbmuseum.de | **ÖPNV** Bus 30, 354, Haltestelle DB-Museum | **Öffnungszeiten** aktuelle Öffnungszeiten siehe Internetseite | **Tipp** Im thematisch passenden Laden »Margots Modelleisenbahnen« (Schüllerplatz 10) gibt es alles, was das Herz des Modelleisenbahnfreaks begehrt.

85 Die Schmidtenhöhe

Allwettertiere als Landschaftspfleger

Wo einst Leopard und Jaguar den Grund aufwühlten, tummeln sich heute Gelbbauchunken und Kammmolche. Die Schmidtenhöhe ist artenreicher denn je! Ein toller Erfolg für den Naturschutzbund (NABU), der 2009 auf dem ehemaligen Truppenübungsplatz ein Projekt startete, das sich der Erhaltung der einzigartigen Landschaft verpflichtete.

Das 1937 von der Wehrmacht angelegte Areal wurde nach dem Zweiten Weltkrieg von den Franzosen, dann von der Bundeswehr genutzt – ab 1957 vor allem von deren Panzerbataillon. Die Kettenfahrzeuge trugen zur Gestaltung des Geländes entscheidend bei. Vegetations- und nährstoffarme Flächen mit vielen Schlamm- und Wasserlöchern sowie Geröllpisten entstanden: idealer Lebensraum für bedrohte Arten wie Laubfrosch, Neuntöter und Bienen-Ragwurz. Der Rückzug der Panzer Anfang der 1990er gefährdete diese Artenvielfalt. Der einzigartige Naturraum drohte zu verbuschen.

Um dies zu verhindern, wurde auf der Schmidtenhöhe das Konzept der halb offenen Weidelandschaft umgesetzt. Eine Fläche von 130 Hektar (ein Bruchteil des ehemaligen Übungsareals) wird seither ganzjährig von großen Pflanzenfressern beweidet. Eine kontrollierte Anzahl von weitgehend selbstbestimmt lebenden Konikpferden und Taurusrindern – allesamt zäh, robust und genügsam – hält die Landschaft offen. Es ist eine Freude, die Tiere im natürlichen Herdenverband beobachten zu können. Und zu erleben, wie die strukturreiche Landschaft erhalten und gestärkt wird, geht ans Herz.

Die Schmidtenhöhe ist ein wahres Paradies für Flora und Fauna – und die Zukunft sieht vielversprechend aus. Im September 2017 nämlich übergab der Bund nicht nur die bisherige Fläche, sondern noch weiteres Land des Militärgebiets in die Obhut der »NABU-Stiftung Nationales Naturerbe«. Insgesamt stehen dem Naturschutz nun 235 Hektar zur Verfügung. Mal sehen, welch seltenes Getier oder Kraut noch so heimisch wird in Koblenz.

Adresse Alte Heerstraße, 56076 Koblenz | ÖPNV Bus 6, Haltestelle Gneisenaukaserne (für diejenigen geeignet, die gern eine längere Wanderung unternehmen wollen) | Anfahrt über die Alte Heerstraße bis zur Schranke an der Panzerwaschanlage, von dort zu Fuß oder mit dem Rad | Öffnungszeiten frei zugänglich | Tipp Unterhalb der Panzerwaschanlage wurde im Juli 2020 das von der Bundeswehr betriebene Weltraumüberwachungsradar GESTRA aufgestellt. Dieses soll der Lokalisierung von Weltraumschrott dienen – mit dem Ziel, Zusammenstöße von Trümmerteilen und Satelliten zu verhindern (weiterführende Informationen unter: www.fhr.fraunhofer.de/gestra).

86 Der Schrein

Rizzas Gebeine im Häuschen

In der ältesten Kirche der Stadt, der Basilika St. Kastor, ruhen die Gebeine der seligen Rizza, deren Verehrung in und um Koblenz eine lange Tradition hat. Angeblich soll sie die Tochter von Ludwig dem Frommen, Sohn und Nachfolger Karls des Großen, gewesen sein, der den ersten Bau der Kastorkirche im 9. Jahrhundert unterstützte.

Weitere Legenden spinnen sich um das Leben der im 13. Jahrhundert Seliggesprochenen. In Koblenz sei sie oft mit ihrem Vater gewesen und irgendwann für immer geblieben. Sie soll all ihre Habe der Kirche vermacht und in Kobern an der Mosel in einer Eremitage zurückgezogen gelebt haben. Um die »Karriere« noch außergewöhnlicher zu machen, erzählt der Volksmund, dass sie – wie Jesus – über Wasser gelaufen sei. Ihr Ziel sei dabei stets die Kastorkirche gewesen, in der sie an der Messe teilnehmen wollte. Täglich also habe sie sich von Kobern aus auf den Weg in Richtung Koblenz gemacht und den kürzesten Weg über die Mosel genommen.

An der besonderen Popularität der Wassergeschichte hat wohl nicht zuletzt der Bonner Dichter Karl Simrock einen gewissen Anteil. In seinen »Rheinsagen aus dem Munde des Volks und deutscher Dichter« ist auch ein Poem zu »Ritza« abgedruckt, das unter anderem diese Episode zum Besten gibt: »Immer morgens, wenn die Glocken in St. Castors Kirche riefen, / Schritt sie auf des Rheines Wellen freudig hin, vor Gott zu knien.« Da man sich auf Legenden ja nie so 100-prozentig verlassen kann, ist Rizza bei Simrock halt auf dem Rhein und nicht auf der Mosel unterwegs.

In dem kunstvoll gefertigten hölzernen Schrein in Hausform aus der vorletzten Jahrhundertwende, der im nördlichen Seitenschiff von St. Kastor steht, soll nun das verborgen liegen, was der Welt von der Seligen geblieben sei: ein Stück Schädeldecke – und dieser Knochen soll Wunder wirken. Glaube versetzt bekanntlich Berge – und lässt übers Wasser gehen.

Adresse Kastorhof 4, 56068 Koblenz | ÖPNV Bus 1, 11, Haltestelle Deutsches Eck/ Seilbahn | Öffnungszeiten Aktuelles auf der Internetseite der Kirche (www.sankt-kastor-koblenz.de) | Tipp Die Brigitten-Madonna, die im Zweiten Joch des südlichen Kirchenschiffs hängt. Das wohl in Böhmen geschaffene Tafelbild wird in die Zeit zwischen 1350 und 1410 datiert. In der Basilika St. Kastor befindet es sich seit 1849.

87_Das Secco

Vergänglichkeit und Hoffnung am Münzplatz

Trotz Größe und farbiger Expressivität wird das Gemälde über dem Torbogen, der von der kleinen Gasse mit dem schönen Namen Paradies zum Münzplatz führt, häufig übersehen. Wenn etwa inmitten eilender Menschen plötzlich ein Interessierter länger betrachtend davor stehen bleibt, ist die Verwunderung mitunter groß. Viele gehen dann irritiert weiter und raunen ihrem Spazierpartner zu: »Merkwürdig, das hab ich ja noch nie gesehen!«

Geschaffen wurde das »a secco« – auf den trockenen Putz – gemalte, großformatige Werk 1911 von dem Berliner Maler William Straube, der sich auch als Kunstpädagoge betätigte. Von 1898 bis 1909 war er Zeichenlehrer am Koblenzer Kaiserin-Augusta-Gymnasium (heutiges Görres-Gymnasium). Das dekorative Wandgemälde ist im Kontext der zeitgleichen Neugestaltung des Münzplatzes zu sehen, für die der Architekt Conrad Reich verantwortlich zeichnet. Dabei wurden an der Nordseite des Platzes neben den mit Arkadengängen angelegten Gebäuden weitere Häuser und besagter Torbau errichtet.

Im Auftrag der Stadt schuf Straube das mehrere Meter über der Straße liegende, mittels Pilastern in drei Felder gegliederte Secco. In jeder der Bildflächen sind jeweils zwei stehende weibliche Flügelwesen dargestellt. Zwei der Figuren nehmen über ihre Augen Kontakt zum Betrachter auf, eine schaut »bewusst« an ihm vorbei, zwei weitere wenden ihren Blick gänzlich ab und die sechste im Bunde verbirgt ihr Gesicht in der Beuge ihres Arms. Glücklich sehen die »Mädels« nun nicht aus. Straube gab dem Werk den Titel »Leben und Zeit«. Auch die beigegebenen Goethe'schen Verszeilen verweisen auf Themen wie Zeitverrinnen und Vergänglichkeit – aber auch auf die dem Weltenlauf implizite Hoffnung: »Die Zeit, sie mäht so Rosen als Dornen. Aber das treibt immer wieder von vornen.« Nun, die Sonne geht auf, die Sonne geht unter: Nutzen wir die Zeit dazwischen und füllen sie mit viel Leben.

Adresse Paradies (zwischen Münzplatz und Burgstraße), 56068 Koblenz | **ÖPNV** Bus 2, 5, 7, 12, 15, 30, Haltestelle Altengraben | **Öffnungszeiten** frei zugänglich | **Tipp** Das versteckt liegende, pittoreske Kunstgässchen (Münzstraße 8), wo es kleine, hübsche Läden gibt, die außergewöhnliche Dinge anbieten (Schmuck, Textilien, handgeschöpftes Papier, Klangschalen et cetera).

88_Der Sektkeller

Wo ist der Deinhard?

Nun, der Deinhard ist nicht mehr in Koblenz. Das muss man nüchtern eingestehen. Na ja, zumindest werden die prickelnden Schaumweine von Weltruhm nicht mehr am »Geburtsort« der Marke produziert. Seit über zwei Dekaden gehört Deinhard bereits zu Henkell & Co., und Henkell & Co. ist Teil der Dr.-Oetker-Gruppe. Man weiß ja, wie das läuft – und man muss das nicht gut finden. Wie dem auch sei: Die Traditionsmarke lebt fort, zwar unter anderer Herrschaft, aber immerhin.

Das prächtige Stammhaus von Deinhard indes steht noch immer in Koblenz, daran lässt sich nicht rütteln. Zum Glück für alle, die sich auf historische Spurensuche oberhalb und unterhalb der Stadt begeben wollen. Besonders interessant sind die Erkundungstouren durch die bis tief in die Innenstadt hineinreichenden Gewölbekeller, die an heißen Sommertagen herrlich kühl und immer urig sind. In deren ältestem Teil, der aus der Zeit um 1850 stammt, wurde 1969 das Deinhard-Kellermuseum eingerichtet. Im Rahmen einer fachkundigen Führung entlang originärer Maschinen und Gerätschaften erfährt man dort Grundlegendes über Produktion, Lagerung, Vermarktung und Transport von Weinen wie Schaumweinen.

Ebenso wird man darüber aufgeklärt, dass das Unternehmen 1794 von Johann Friedrich Deinhard – mit der Eröffnung einer Weinhandlung – begründet wurde. Um nicht die gesamte Produktpalette über den Einkauf regeln zu müssen, erwarb Deinhard zwischen 1813 und 1823 zusammen mit damaligen Kompagnons mehrere Weingüter an der Mittelmosel, um selbst Weine keltern zu können. In die Sektproduktion stieg die Firma dann kurz vor Mitte des 19. Jahrhunderts ein, als eine der ersten in Deutschland.

Manch ein Schandmaul sagt ja, dass Sekt nur was für Frauen ist – oder Bier nur was für Männer. Dummes Geschwätz ist das. Qualität und Geschmack sind die entscheidenden Kriterien, sonst nichts. Darauf ein Gläschen Deinhard?

Adresse Deinhardplatz 3, 56068 Koblenz, www.deinhard.de | **ÖPNV** Bus 1, 6, 7, 8, 9, 10, 11, 21, 33, Haltestelle Stadttheater/Schloss | **Öffnungszeiten** Vinothek: aktuelle Zeiten auf der Internetseite, April–Okt. jeden Samstag um 17 Uhr öffentliche Führung (Führung mit einem Glas Sekt, circa eine Stunde, 15 Euro pro Person, Anmeldung empfohlen) | **Tipp** Das Theater Koblenz (Deinhardplatz 2): ein Mehrspartenhaus mit eigenen Ensembles – in den Bereichen Schauspiel, Musik, Puppenspiel und Ballett –, das 1787 mit einer Aufführung von Mozarts »Die Entführung aus dem Serail« eröffnet wurde.

89 Die Sontag-Tafel

Geburtsstätte der göttlichen Jette

Wo sich heute ein Pfandhaus befindet, in dem vielleicht hin und wieder ein Schmuckstück aus der Biedermeierzeit eingelöst wird, wurde zu Beginn des 19. Jahrhunderts ein Weltstar geboren. An dem Gebäude erinnert nur noch eine kryptische und wenig glanzvolle Tafel an die Opernsängerin Henriette Sontag, deren Geburtshaus einst dort stand.

Aber wer kennt in diesen Tagen noch die Sontag? Kaum vorstellbar, welche Begeisterungsstürme die von Goethe als »flatternde Nachtigall« bezeichnete Koloratursopranistin mit der glockenklaren Stimme seinerzeit auslöste. Für die vom »Sontags-Fieber« infizierten Berliner Fans war sie die »göttliche Jette«. Mit ihrer Anmut und ihrem Talent traf sie den Nerv der Zeit. Bald nach ihrem frühen Tod jedoch war sie vergessen – unverdient, aber ganz unverständlich ist dies nicht. Lediglich mittels diverser Zeitzeugenberichte lässt sich ihr Können erahnen, aufgrund der mannigfachen Porträts ein Eindruck ihrer Schönheit gewinnen. Es existieren ja keine Tonaufnahmen: Ihre Stimme ist mit ihrem Ableben für immer verstummt. Für den Nachruhm einer Sängerin ist das schlecht.

Henriette Sontag war erfolgreich und unfassbar populär. Schon im Kindesalter gab sie ihr Debüt. Im Laufe ihrer Karriere wirkte sie an allen großen Bühnen Zentraleuropas: Prag, Wien, Berlin, Paris, London. Einen krassen Karriereeinschnitt bedeutete ihre Heirat mit dem sardischen Gesandten Graf Carlo Rossi im Jahr 1829. Fortan kümmerte sie sich um Mann und Kinder. Infolge der Revolution von 1848/49 war sie indes gezwungen, Geld zu verdienen, und startete ein Comeback. Erneut begeisterte sie ihr Publikum. Aber das Glück war nicht von Dauer. Als sie 1854 durch die USA und Mexiko tourte, erkrankte sie an der Cholera und starb bald darauf in Mexiko-Stadt – mit 48 Jahren. In Koblenz hatte sie nur einen einzigen Auftritt. Lag's daran, dass sie die Stadt als ziemlich provinziell wahrnahm?

Adresse Am Plan 1, 56068 Koblenz | **ÖPNV** Bus 2, 5, 7, 12, 15, 30, Haltestelle Altengraben | **Öffnungszeiten** nur von außen zu besichtigen | **Tipp** Das Mittelrhein-Museum (Zentralplatz 1) beherbergt eine umfangreiche Sammlung zu Henriette Sontag. In der Dauerausstellung sind kleinere und größere Gemälde zu sehen, die ihr Porträt zeigen.

90_Das Spökes

Trainingsraum für tischkickende Bundesligisten

Früher, vor dem Krieg, soll die Weißer Gasse hübsch gewesen sein – so mit malerischer Bebauung und lauschigem Plätzchen. Sich das im Heute vorzustellen braucht viel Phantasie. Einziger Zeuge der alten Zeit ist das bizarr wirkende Rokokoportal des ehemaligen Dominikanerklosters. Welchen Grund sollte man sonst noch haben, diese Stadtecke aufzusuchen?

Zu späterer Stunde ist das »Spökes«, die Spielekneipe schlechthin, kein schlechter. Dort kann in unkomplizierter, offener Gesellschaft, bei schummriger Beleuchtung, lauter, harter Musik und kühlem Bier die nicht immer schöne Alltagsrealität beherzt weggekickt werden. »Seit 1998 ist der Laden Anlaufpunkt für viele Studenten und viele, die es schon lange nicht mehr sind. Egal, ob man allein oder in großen Gruppen einkehrt, man findet schnell einen Platz und Beschäftigung«, beschreibt Markus Rodemerk, das Oberhaupt der »Spökes«-Familie, seinen Laden. In der Tat: Wer sich hier langweilt, weil er nichts und niemanden zum Spielen findet, ist selbst schuld. Die Kneipe bietet nämlich so ziemlich alles, was das Herz begehrt: Kicker, Billard, Dart und unzählige Gesellschafts-, Würfel-, Karten- und Brettspiele.

Sogar die Raucher dürfen mitspielen, in der direkt an »Spökes 1« anschließenden Erweiterung finden sie einen geeigneten Raum.

Übrigens wurde in der Kneipe schon die Grundlage für so manch eine Kicker-Karriere gelegt. Denn genau dort haben die ambitionierten Tischfußballer vom TFBS Koblenz ihre glänzende Laufbahn begonnen. Weil das Kicken dann irgendwann mehr war als kurzweilige Begleitaktion beim Rauchen und Trinken, gründeten sie 2007 ihren Verein. Längst sind die Jungs und Mädels international auf Turnieren unterwegs. Und das ziemlich erfolgreich: 2016 etwa machten die Herren den 1. Platz in der 1. Bundesliga. Alle Achtung, so kann das also enden, wenn man viele und lange Abende in der Kneipe rumhängt.

Adresse Weißer Gasse 19–25, 56068 Koblenz | **ÖPNV** Bus 2, 5, 7, 12, 15, 30, Haltestelle Altengraben | **Öffnungszeiten** So–Do 19–2 Uhr, Fr, Sa 19–4 Uhr | **Tipp** Die »Druckluftkammer« (Florinsmarkt 1a): atmosphärischer Szeneclub im historischen Gewölbekeller der Alten Burg. Freunde von Gothic, Darkwave, Electro, Industrial und Metal kommen hier auf ihre Kosten. Ebenso »Schleckermäuler«, die auf Absinth stehen: Nirgendwo in Koblenz dürfte es eine größere Auswahl geben.

91 Der Stattstrand

Urbaner Sommer am Moselstausee

Strahlender Sonnenschein und Lust auf einen Tag am Strand? Dann nichts wie raus nach Metternich zur Uni! Aber keine Panik, es geht nicht in den Hörsaal oder die Bibliothek. Ein Kurzurlaub soll es sein, und den gibt's direkt unterhalb des Campus am Moselstausee.

Dort nämlich befindet sich der Stattstrand am Stadtrand, ein 3.000 Quadratmeter großer, mit 800 Tonnen feinstem Quarzsand aufgeschütteter Strand mit Beachvolleyballfeld, Cocktailbar, Biertheke und kleiner Gastronomie. Seit seinem Bestehen pilgern nicht nur Studenten, sondern auch Stadtkinder aller Alters- und Beschäftigungsklassen bei gutem Wetter ans linke Flussufer und lassen es sich so richtig gut gehen. Solche »Küsten-Orte«, die weitab vom Meer mediterrane Urlaubsgefühle aufkommen lassen, gibt es ja mittlerweile in fast jeder größeren Stadt mit irgendwie annehmbaren Binnengewässern.

Der Stattstrand an der schönen Mosel mit seinen Holzstegen, zahlreichen Pflanzen und Palmen, Strohschirmen, bequemen Liegestühlen und Loungesofas muss sicherlich keinen Vergleich mit anderen Angeboten dieser Art scheuen. Als der Koblenzer Gastronom Ralf Prestenberg 2006 das ehemalige Bundeswehrgelände zum »urban beach« umfunktionierte, bewies er eine gute Nase: Das Konzept traf mitten ins Herz aller Sommer- und Frischluftfreunde, die es in der Stadt an Rhein und Mosel zuhauf gibt.

Seit 2016 nun wird der Strand von Klaus Berg betrieben, und auch er kann sich nicht über mangelnden Zulauf beklagen. Eigentlich startet die Saison am 1. Mai und läuft bis Ende September, wenn Petrus mitspielt bis in den Oktober hinein. Aber sobald im Frühjahr das Thermometer die 20-Grad-Marke knackt, scharren die Koblenzer Fans schon unruhig mit den Füßen: Sie wollen nach der langen Winterpause endlich an den Stattstrand! Nachvollziehbar, denn das ist schon ein feines, entspanntes, atmosphärisches Plätzchen – und bei Nacht ungeheuer romantisch.

Adresse Universitätsstraße, 56072 Koblenz, www.statt-strand-koblenz.de | **ÖPNV** Bus 3, 4, 13, 14, 35, Haltestelle Uni/Winninger Straße, von dort 5 Minuten Fußweg | **Öffnungszeiten** Mo–So 10–1 Uhr (Mai–Sept.–Okt., je nach Wetterlage). Der Eintritt ist frei, das Mitbringen von Getränken oder Speisen ist aber ebenso wenig erlaubt wie das Schwimmen in der Mosel. | **Tipp** »Brot und Spiele« gibt's im »Circus Maximus« (Stegemannstraße 30): ein Mix aus American Diner (auch für Vegetarier und Veganer geeignet), Bar, Bistro und Club. Im zusätzlichen Veranstaltungsraum mit Bühne in den Katakomben des Hauses finden mehrmals wöchentlich unter anderem Poetry Slams, Lesungen und Konzerte statt.

92__Die Steilhänge

Revitalisierung historischer Weinberge

Koblenz und Wein gehören zusammen. Die Regionsbezeichnungen »Mittelrhein« und »Mosel« stehen für Qualitätsweine. Wahrscheinlich haben die meisten schon von den spektakulären, seit der Römerzeit bewirtschafteten und Spitzentropfen hervorbringenden Steillagen der Mittel- und Untermosel gehört. Die Moselanbaugebiete im Koblenzer Stadtgebiet, ganz nah am Deutschen Eck, liegen an der Unter- oder Terrassenmosel.

Deren Landschaft ist charakterisiert durch die besondere Enge des Tals und die hohen Felsflanken. Mit seinen kleinparzellierten, steilen Lagen und terrassierten Wingerten mit Trockenmauern, seinen hübschen Dörfern und romantischen Burgen zeigt sich das Weinbaugebiet Untermosel betont malerisch. Indes ist die Bewirtschaftung der Steilhänge harte Knochenarbeit. Denn die traditionellen Lagen in Falllinie sind nur in Handarbeit zu bewirtschaften, da große Maschinen und Gerätschaften nicht genutzt werden können. Vielen Winzern ist das irgendwann zu viel. Der traurige Anblick verwilderter Terrassen und verfallener Trockenmauern ist nicht selten.

Aber es gibt Gegenbewegungen, die sich darum bemühen, die traditionelle Bewirtschaftung zu erhalten und gleichzeitig zu vereinfachen – so etwa im Stadtteil Moselweiß. Im Rahmen von Flurbereinigungsmaßnahmen wurden ab dem Jahr 2000 die ersten Weinberge der alten Lage »Moselweißer Hamm« als querterrassierte Rebflächen angelegt. Die Form der Anlage lässt eine einfachere, weil maschinelle Bewirtschaftung des Weinbergs zu, ist somit zeit- und kostensparend.

Die Qualität der Weine der Untermosel und die Attraktivität der Landschaft sprechen für sich – und sind kulturhistorisch von hohem Wert. Aber auch in Sachen Biodiversität sind die Steilhänge und Trockenmauern von Bedeutung, sind sie doch ein Paradies für wärmeliebende Tiere und Pflanzen. Nicht nur der seltene Mosel-Apollofalter fühlt sich hier so richtig wohl.

Adresse Gülser Straße, 56073 Koblenz (unmittelbar hinter der Gülser Brücke beginnen die Weinbergterrassen der Steillage »Moselweißer Hamm«) | **ÖPNV** Bus 6, 16, 31, Haltestelle Gülser Brücke (dann entlang der B 49 in Richtung Lay) | **Öffnungszeiten** frei zugänglich | **Tipp** Der Carolaturm im Stadtteil Lay (südlich des Ortes): ein Aussichtsturm, der 1895–1896 von Stadtbaumeister Friedrich Wilhelm Mäckler an einem steilen Abhang zur Mosel errichtet wurde. Seinen Namen verdankt er der Ehefrau des damaligen Bürgermeisters Emil Schüller.

93__Die Südbrücke

Katastrophen beim Brückenbau

Breite Straßenzüge und mächtige Brückenanlagen prägen das Bild der Stadt. Schon früh war klar, dass der stetig wachsende Individualverkehr für Innenstadt und umliegende Ortsteile zum Problem werden würde. Es mussten weitläufige Umgehungen geschaffen werden. »Südtangente« und »Südbrücke« sind in diesem Kontext Schlagwörter der bereits vor dem Zweiten Weltkrieg angedachten Verkehrsplanung: Das Stadtzentrum sollte entlastet, das Lahntal mit den südlichen Stadtteilen sowie der Hunsrück mit dem Westerwald verbunden werden.

Im Oktober 1969 wurde bei Rheinkilometer 588 mit dem ambitionierten Bau der Südbrücke begonnen – und die Arbeiten liefen gut an. Aber dann geschah ein furchtbares Unglück.

Die älteren Koblenzer erinnern sich noch gut an den 10. November 1971, als die Südbrücke zum Synonym für eine Katastrophe wurde. An diesem grauen Herbsttag nämlich knickte ein weit auskragender Arm – auf einer Länge von etwa 54 Metern – ab, stürzte aus 30 Meter Höhe in den Rhein und riss dabei die Arbeiter vor Ort mit in die Tiefe: 13 Tote und 13 Schwerverletzte waren zu beklagen. Die Bergung der Opfer erwies sich als genauso schwierig wie die der einzelnen Brückenteile und nahm Tage in Anspruch.

Als ob das nicht genug wäre, ereignete sich fast ein Jahr später während der Bauarbeiten an der Brücke ein weiterer tragischer Unfall: Am 21. September 1972 stürzte an der Hangbrücke im Laubachtal ein Gerüst ein und riss sechs Arbeiter in den Tod. Die Suche nach den Ursachen gestaltete sich jeweils schwierig. Während im ersten Fall vermutlich Berechnungsfehler das Unglück verursachten, gab es im zweiten Versäumnisse auf der Baustelle, wo notwendige Aussteifungen in besagtem Gerüst nicht angebracht worden waren.

Am Leinpfad im linksrheinischen Oberwerth ist an einem Pfeiler der 1975 – ohne weitere Zwischenfälle – vollendeten Südbrücke eine Tafel angebracht, die an beide Katastrophen und die insgesamt 19 Opfer erinnert.

Adresse Gedenktafel unter der Südbrücke (linksrheinisch), 56075 Koblenz | **ÖPNV** Bus 3, 13, Haltestelle Schillerstraße, von dort durch den Tunnel unter der Bahntrasse, direkt dahinter hinunter zum Rhein, circa 5 Minuten Fußweg | **Öffnungszeiten** frei zugänglich | **Tipp** Interessant ist in diesem Kontext sicherlich ein Spaziergang ins nahe Laubachtal, um sich ein noch konkreteres Bild von den die Stadt prägenden, mächtigen Brückenkonstruktionen zu machen.

94 Die Synagoge

Von der Trauerhalle zum Gotteshaus

Auf der einen Seite der alten Kastanienallee finden sich verwitterte, teils eingestürzte Steine mit mal mehr und mal weniger gut erkennbarer Schrift und hebräischen Zeichen. Auf der anderen Seite erblickt man Grabstätten mit Inschriften jüngeren und ganz aktuellen Datums. Der jüdische Friedhof wird also weiterhin genutzt.

Das Areal sowie die einstige Trauerhalle, die heute als Gotteshaus dient, wurden in der »Reichspogromnacht« am 10. November 1938 verwüstet. Das gleiche Schicksal war der damaligen Synagoge beschieden, die seit den 1840ern im Bürresheimer Hof inmitten der Altstadt untergebracht war. In der Folge wurden die Juden enteignet, und die Hofgebäude gingen an die Stadt. Bis zu den Deportationen, die 1942 begannen, nutzte die jüdische Gemeinde fortan die Trauerhalle am Friedhof als Bethaus, Gemeindesaal und Schule.

Nach dem Krieg kamen nur wenige Juden zurück nach Koblenz: Der Großteil war emigriert oder ermordet worden. Die bis auf die Außenmauern zerstörten Gebäude des Bürresheimer Hofs wurden 1947 zwar rückerstattet, aber die mitgliederschwache Gemeinde sah sich zu diesem Zeitpunkt nicht in der Lage, den Wiederaufbau zu bewältigen, und verkaufte alles an die Stadt. Die Friedhofshalle in Rauental wurde wieder zum Betsaal. Anfang der 1950er wurde sie zu einer Synagoge umgebaut. Indes sind die Räumlichkeiten schon lange nicht mehr ausreichend.

Die jüdische Gemeinde hat seit den 1990ern einen erheblichen Zuwachs zu verzeichnen. Die mittlerweile über 1.000 Mitglieder resultieren vor allem aus der Zuwanderung von Juden aus Ländern der ehemaligen Sowjetunion. Seit einigen Jahren ist daher ein großer, moderner Synagogenbau in der Diskussion. Er soll in der Weißer Gasse auf dem Areal des alten Stadtbads errichtet werden. Damit würde die jüdische Kultusgemeinde Koblenz auch wieder zurückkehren in die Innenstadt, aus der sie in der Nazizeit so grausam vertrieben wurde.

Adresse Schlachthofstraße 5, 56073 Koblenz | ÖPNV Bus 3, 13, 301, 343, 355, Haltestelle Baedekerstraße | Öffnungszeiten Mo–Fr 8–17 Uhr (Friedhof) | Tipp Der Bürresheimer Hof am Florinsmarkt, in dem sich die Synagoge der jüdischen Kultusgemeinde von der Mitte des 19. Jahrhunderts bis zur Pogromnacht 1938 befand (siehe Ort 10).

95 Die Terrasse

Über den Dächern der Stadt

Die wenigsten Menschen scheinen zu wissen, dass die Dachterrasse des Forums am Zentralplatz besucht werden kann. Meist ist nämlich nicht viel los dort oben. Dabei ist der Zugang einfach und die Aussicht phänomenal. Auf der etwa 1.650 Quadratmeter großen Fläche verteilen sich einzelne Decks, die durch Treppen und Rampen verbunden sind. Auch für ein kurzes Intermezzo in Sachen Ruhefindung – etwa in der Mittagspause – ist das der ideale Ort. Je nach Wetterlage lässt man sich den Wind um die Ohren pfeifen oder die Sonne ins Gesicht scheinen und genießt Stille und Panoramablick. In allen Himmelsrichtungen lassen sich Besonderheiten entdecken: die einzelnen Stadtviertel und charakteristischen Straßenzüge, die vielen Kirchen mit ihren in den Himmel ragenden Türmen, das Deutsche Eck mit dem riesigen Reiterstandbild und auf der anderen Rheinseite die Festung Ehrenbreitstein.

Der lateinische Name des Gebäudes, »Forum Confluentes«, auf dessen Dach sich die herrliche Terrasse befindet, verweist übrigens auf die Lage von Koblenz am Zusammenfluss von Rhein und Mosel. Im Jahr 2013 wurde der multifunktionale Kulturbau eröffnet. Das fast skulptural wirkende Gebäude kommt in einer höchst expressiven und selbstbewussten Formensprache daher: ein architektonisches Ausrufezeichen im Herzen der Stadt. Das Innere hält, was das Äußere verspricht. In großzügig gestalteten Abteilungen sind auf mehreren Ebenen das Mittelrhein-Museum, die Stadtbibliothek, die Tourist-Information und das Romanticum untergebracht.

Kurioserweise wurde das Kulturzentrum anfangs öfter mit dem gegenüberliegenden Forum Mittelrhein, dem »Kommerzbau«, verwechselt oder gar gleichgesetzt. Mittlerweile dürfte sich rumgesprochen haben, dass es im Forum Confluentes ausschließlich um Kunst, Kultur und Bildung geht. Wahrlich ein modernes Juwel am Zentralplatz, das wertvolle Einsichten und überwältigende Aussichten bietet.

Adresse Zentralplatz 1, 56068 Koblenz | ÖPNV Bus 1, 2, 3, 5, 6, 7, 8, 9, 10, 11, 12, 13, 15, 16, 19, 21, 33, Haltestelle Zentralplatz/Forum | Öffnungszeiten Mo – So 9 – 19 Uhr, Zugang über den Treppenaufgang in der Stadtbibliothek (5. Obergeschoss) oder über den Glasaufzug im Foyer, Zutritt zur Dachterrasse nur mit gültiger Karte (für einen Euro erhältlich bei der Tourist-Information und im Mittelrhein-Museum) | Tipp Wer ein kleines Picknick auf der Dachterrasse machen will, der kann sich im nahen »Essgeschäft« (Altlöhrtor 30) mit frischen, leckeren Salaten und Kuchen versorgen. Das gemütliche Café lädt auch zum Verweilen vor Ort ein.

96 Der Teufelsbogen

Kuriose Einbuchtung an der Balduinbrücke

Schnurgeradeaus läuft die älteste erhaltene Koblenzer Brücke aus dem 14. Jahrhundert, die die Altstadt mit dem Stadtteil Lützel verbindet, nicht über die Mosel. Schaut man sich den Verlauf der Fahrbahn an, dann ist unschwer eine erhebliche Ausbuchtung in Nähe der Statue des Namensgebers, Kurfürst Balduin von Luxemburg, auszumachen. An dieser Stelle ist mit Blick auf die Konstruktion der Brücke am achten Bogen – dem sogenannten Teufelsbogen – zudem eine divergierende Mauerfarbe festzustellen: Rot statt Grau.

Manfred Gniffke, Koblenzer Urgestein und legendärer Mundart-Stadtführer, gibt in seinem anekdotenreichen Büchlein »Et es scheen, en Schängel ze sain« eine charmante Erklärung für »die schäpp Breck« zum Besten. Sein Lehrer nämlich habe ihm vor langer Zeit von des Teufels Handel mit Balduin erzählt, der mit dem seinerzeit schwierigen und langatmigen Brückenbau zusammenhing. Weil die Geschäftsbeziehung mit dem Kurfürst nicht ganz im Sinne des Teufels verlaufen sei, habe dieser mit dem Fuß kräftig ausgetreten, um die Brücke zum Einstürzen zu bringen. Diese aber sei stehen geblieben, nur der »Fußabdruck« des Gehörnten sei bis heute zu sehen – in Form der Ausbuchtung in Höhe des Teufelsbogens.

Die Balduinbrücke hat im Laufe ihrer langen Geschichte viele Veränderungen erlebt. Die letzte größere in den 1960ern und 1970ern im Zuge der Kanalisierung der Mosel. Die Sache mit dem andersfarbigen Teufelsbogen ist der Tatsache geschuldet, dass der ursprüngliche Bogen um die Mitte des 19. Jahrhunderts versehentlich durch preußischen Artilleriebeschuss zerstört worden war. In der Folge wurde er mit rotem Sandstein neu eingewölbt. Der Buckel in der Brücke kann nun mit dieser Reparaturmaßnahme in Zusammenhang stehen, muss aber nicht. Vielleicht war er schon immer da. Sicher ist, dass er nicht teuflischer Wut geschuldet, sondern vielmehr baukonstruktiv bedingt ist.

Adresse Balduinbrücke, 56070 Koblenz | **ÖPNV** Bus 2, 4, 5, 7, 12, 15, 30, Haltestelle Altengraben | **Öffnungszeiten** frei zugänglich | **Tipp** Die sich in unmittelbarer Nähe der Balduinbrücke befindende Alte Burg aus dem 13. Jahrhundert, eine ehemalige kurfürstliche Wasserburg, in deren erhaltenem Teil sich heute das Stadtarchiv befindet.

97 Die Teufelstreppe

Geschützter Festungsweg am Glockenberg

Wenn man's nicht weiß, dass sie existiert und begehbar ist, dann wird man die sogenannte Teufelstreppe kaum zufällig entdecken. Die jeweiligen Zugänge liegen ziemlich versteckt. Oben in Asterstein findet man den Einstieg unterhalb des Hotels »Rheinkrone«, indem man an diesem vorbei in den Wald hineingeht. Nach ein paar Metern sich dahinschlängelnden Weges trifft man auf den ersten Absatz.

Insgesamt 224 Stufen führen nun hinab ins Tal. Abseits der gängigen Wege, ganz verwunschen inmitten üppigen Grüns, gleiten die Füße die vielen Stiegen hinunter – und die Augen erhaschen immer mal wieder einen tollen Blick auf das linksrheinische Koblenz auf der gegenüberliegenden Seite. Unten angekommen stößt man auf einen geteerten Weg, der oberhalb der B 42 als Spazierweg angelegt ist und die freie Wahl lässt, ob man sich linker oder rechter Hand auf weitere Erkundungstouren – mit Panoramasicht auf Koblenz – begeben will.

Interessant ist, dass die Teufelstreppe, warum auch immer sie so heißen mag, vor dem Ausbau der B 42 in den 1990ern fast doppelt so lang war. Und einst war sie auch weniger ein romantischer Flanierweg, sondern Teil der preußischen Festungsanlagen. 1866 fertiggestellt, bot sie seither eine geschützte »Treppenkommunikation« zwischen dem Werk Glockenberg auf der Pfaffendorfer Höhe und dem am Fuße des Glockenbergs gelegenen Horchheimer Tor. Vom Werk Glockenberg sind lediglich ein paar – mittlerweile überwucherte – Ruinen und besagte Teufelstreppe erhalten.

Lange Jahre war diese überhaupt nicht zugänglich, weil der Zahn der Zeit und zu wenig menschliche Fürsorge sie verfallen ließen. Die Verkehrssicherheit war entsprechend beeinträchtigt. Aber durch den Einsatz vieler ehrenamtlicher Helfer vor Ort können seit Sommer 2014 wieder alle, die schnell – oder bewusst langsam – vom Asterstein über Pfaffendorf in die Innenstadt wollen, diese verborgene Treppe benutzen.

Adresse Ende Rudolf-Breitscheid-Straße (bei Nummer 21), 56077 Koblenz | **ÖPNV** Bus 15, 26, Haltestelle Feuerwehrfachschule | **Öffnungszeiten** frei zugänglich | **Tipp** Einige Reste der genannten Horchheimer Torbefestigung, die 1864 bis 1867 zur Sicherung der Pfaffendorfer Eisenbrücke errichtet wurde, sind noch unterhalb der Pfaffendorfer Brücke zu sehen.

98 Der Treppenaufgang

Fresken mit Bildungsauftrag im Rathaus

Nicht nur das Äußere des seit 1895 als Rathaus genutzten Barockgebäudes, das von 1694 bis 1701 nach Plänen des Hofbaumeisters Johann Christoph Sebastiani erbaut wurde, ist prachtvoll. Auch das Innere kann sich sehen lassen. Es finden sich sogar überraschende Details.

Die Inschrift »Gymnasium Confluentinum« über dem Eingangsportal am Jesuitenplatz deutet auf die einstige Nutzung des Hauses hin. An diesem Ort nämlich gründete Ende des 16. Jahrhunderts die katholische Ordensgemeinschaft Gesellschaft Jesu, deren Mitglieder als Jesuiten bezeichnet werden, eine Schule. Betritt man das Treppenhaus und geht die Stiegen zur einstigen Aula hinauf, so richtet sich der staunende Blick gen Himmel. Ein überwältigendes Kunstwerk erstreckt sich über die gesamte Decke. Im mittleren Bereich finden sich drei mit Fresken gefüllte Hauptfelder, die von einer unfassbaren Fülle an Putten, Blumen und Vögeln aus Stuck eingerahmt sind. Die Malereien von »Meister Lucas« (vielleicht Luca Antonio Colomba) wirken gegen die Handwerkskunst des Stuckateurs Carlo Mario Pozzi zugegebenermaßen etwas flach.

Was den Inhalt betrifft, so verdienen die Fresken besondere Beachtung. Denn diese waren nicht nur als hübsche Deko gedacht, sie sollten klare Inhalte vermitteln. Die beiden äußeren Rundfelder zeigten den einstigen Schülern des Jesuitenkollegs deutlich, dass die Fleißigen reich belohnt werden, wohingegen den Faulen harte Strafen drohen. Im mittleren Oval ist dann das zentrale Anliegen der jesuitischen Pädagogik dargestellt: der »Triumph des wahren Glaubens«. Man halte sich vor Augen, dass die Jesuiten ihre Schulen vor dem Hintergrund der Gegenreformation gegründet haben. Katholiken versus Protestanten: Für die Jesuiten war klar, wie diese Schlacht ausgehen sollte. Und mittels Schulbildung wollten sie ihren Teil dazu beitragen, dass das Schiffchen in die »richtige« Richtung segelt.

Adresse Rathaus (Gebäude I, 1. Obergeschoss), Willi-Hörter-Platz / Rathauspassage, 56068 Koblenz (einfachster Zugang über das große Eingangsportal am Jesuitenplatz) | ÖPNV Bus 1, 2, 3, 5, 6, 7, 8, 9, 10, 11, 12, 13, 15, 16, 19, 21, 33, Haltestelle Zentralplatz / Forum, von dort 5 Minuten Fußweg | Öffnungszeiten Mo, Di, Do 8.30 – 12 Uhr, Mi 8.30 – 16 Uhr | Tipp Die prächtige, marmorne, ungünstig an die Decke stoßende Türeinfassung am Ende des Treppenaufgangs, die ursprünglich wohl kaum so blöd verbaut war, geht ebenfalls auf Pläne von Johann Christoph Sebastiani zurück.

99 Der Turmhelm

Spitzenmäßig gemauert

Wahrscheinlich haben viele, die schon mal auf der A 48 von der Eifel aus in Richtung Koblenz unterwegs waren, den in den Himmel ragenden Turm wahrgenommen. Ohne allerdings zu wissen, zu welcher Kirche er gehört oder in welchem Ort er steht.

Von der Autobahn sieht man nur die Spitze des Gebäudes, sonst nichts. Der dazugehörige Sakralbau wird von hohen, undurchdringlichen Hecken verdeckt, die als Schutz zwischen Autobahn und Kirchhof angelegt wurden. Verspürt man spontane Lust, sich den auffälligen Turm mal aus der Nähe anzuschauen, dann sollte man diesem Gefühl einfach folgen. Manch ein Umweg lohnt sich unbedingt.

Auf der höchsten Erhebung des 1970 nach Koblenz eingemeindeten Stadtteils Rübenach steht die anvisierte Kirche, St. Mauritius. Ein ortsbildprägender, mächtiger, stolzer, schwarzer Bau aus Eifeler Basalt, zu dem man über eine steile Treppe von der Mauritiusstraße aus gelangt. Der 70 Meter hohe, in der Achse des Hauptschiffs stehende Westturm hat zudem eine kleine, feine Besonderheit aufzuweisen: eine komplett gemauerte Spitze inklusive hübschem Sternenmuster. Das sieht man wohl nicht so oft bei Kirchen aus dieser Zeit. In den 1860ern wurde das Gebäude nach Plänen des bedeutenden Kölner Architekten Vinzenz Statz errichtet. Statz hatte ein ausgeprägtes Faible für die Baukunst und die Kirchen des Mittelalters, weshalb er gern und viel im neogotischen Stil baute. Diese Vorliebe ist auch an St. Mauritius zu erkennen, am Äußeren wie im Inneren – und nicht zuletzt an der tollen, steinernen Turmspitze.

Eingebettet ist die schwarze Kirche in viel Grün, das offenbar sich selbst überlassen bleibt: ein verwilderter Gartenbereich samt Wermut, Rosmarin und Feigenbäumen, zudem Blumenwiesen, die nicht ständig gemäht werden. Bis auf den Lärm vorbeirauschender Autos, die auf der nahen Autobahn unterwegs sind, ist das ein wirklich schöner, idyllischer und ziemlich unbekannter Ort.

Adresse Mauritiusstraße, 56072 Koblenz | **ÖPNV** Bus 14, 27, 350, 353, 359, Haltestelle Kriegerdenkmal | **Öffnungszeiten** nur zu den Gottesdienstzeiten geöffnet | **Tipp** Neben der Kirche tragen die vielen dunklen Steinhäuser, die ebenfalls mit Eifeler Basalt erbaut wurden, zum typischen Ortsbild Rübenachs bei. Ein Spaziergang durch die Gassen bietet sich an.

100_Vater und Mutter

Rhein und Mosel glücklich vereint

Vor gar nicht langer Zeit wurden die beiden Hübschen von den Köpfen bis zu den Füßen gereinigt und erstrahlen nun wieder in hellstem Weiß. Da sitzen sie aneinandergeschmiegt im hinteren Teil des Schlossgartens und schauen sich innig an – wie eh und je.

Im Auftrag der späteren Kaiserin Augusta schuf der angesehene, aus einer Koblenzer Künstlerfamilie stammende Maler und Bildhauer Johann Hartung 1854 die reizende Skulpturengruppe »Vater Rhein und Mutter Mosel«. Augusta, die Gattin des damaligen Prinzen von Preußen und späteren Kaisers Wilhelm I., liebte Gärten und Kunst gleichermaßen. Umso besser, wenn sich beides miteinander verbinden ließ.

Das Ehepaar residierte ab 1850 im Kurfürstlichen Schloss, das vor seinem Einzug umfassend saniert werden musste. Auch die umgebende Gartenanlage sollte auf Vordermann gebracht werden: eine Aufgabe, um die sich der bedeutende Landschaftsarchitekt Peter Joseph Lenné kümmerte. Der Auftrag an Hartung, eine Allegorie von Rhein und Mosel für ebendiesen Garten zu schaffen, ließ demnach nicht sehr lange auf sich warten.

Aufstellung fand die klassisch gebildete Figurengruppe am äußersten Rand der Anlage: Die Vorderansicht ist gen Schloss ausgerichtet. Die Komposition an sich wie auch die Charakterisierung der beiden Flusspersonifikationen erinnern an Darstellungen antiker Gottheiten. Das Motiv von Vater Rhein – oder Flussgott Rhenus – ist nicht selten. Gerade in der Zeit der Romantik wurde es vielfach aufgegriffen. Indes ist die Konstellation »Vater Rhein und Mutter Mosel« ikonografisch recht ungewöhnlich. Meist wird die Mosel als Tochter des großen deutschen Flusses benannt. So recht scheint man nicht zu wissen, wo die Bezeichnung »Vater und Mutter« in diesem Kontext herrührt. Aber wie dem auch sei: Wo würde diese spezielle Figurengruppe besser hinpassen als nach Koblenz, wo Rhein und Mosel sich tatsächlich innig vereinen?

Adresse Schlossstraße (Garten im hinteren Bereich des Schlosses), 56068 Koblenz | **ÖPNV** Bus 1, 6, 7, 8, 9, 10, 11, 21, 33, Haltestelle Stadttheater/Schloss, von dort 8 Minuten Fußweg | **Öffnungszeiten** frei zugänglich | **Tipp** Die Bronzeskulptur »Affection« des bedeutenden luxemburgischen Bildhauers Lucien Wercollier vor dem nördlichen Eingang zum Schlossgarten. Das Werk soll sinnbildlich für eine zuneigende Völkerverbindung innerhalb eines gemeinsamen Europas stehen.

101 Die Viehmarkthalle

Den Stier an den Hörnern packen

Supermärkte sind meist nicht unbedingt Orte, die man gesehen haben muss. Ausnahmen bestätigen die Regel. Beim Blick auf den Einkaufsmarkt in Rauental stechen zwei Aspekte leuchtend hervor: Architektur und Historie.

Lediglich das Relief, welches das Giebelfeld der Frontfassade schmückt, könnte aufmerksamen Betrachtern Auskunft darüber geben, was sich in dem Gebäude aus dem 19. Jahrhundert ursprünglich befand. Dargestellt ist ein Mann, der einen Stier energisch an Hörnern und Nasenring packt und das kräftige Tier zu überwältigen sucht. Denkt man dann noch an den heutigen Namen der Straße, in der das Gebäude steht, kann man darauf kommen, dass hier einmal Tiere geschlachtet wurden.

Von 1890 bis 1992 befand sich an diesem Platz das städtische Schlachthaus. Die unter Denkmalschutz stehende und mittlerweile sanierte Viehmarkthalle, die als frühes Beispiel des Stahlbetonbaus gilt, ist dabei im Grunde alles, was an erwähnenswerter Bausubstanz erhalten geblieben ist. Errichtet wurde sie von 1911 bis 1913 von Stadtbaumeister Friedrich Wilhelm Ludwin Mäckler, der auch für die Ausführungsplanungen des früher gebauten Schlachthofs verantwortlich war. Auf dem gesamten Gelände fanden sich Schlachthallen für Groß- und Kleinvieh, Stallungen, Kühlhaus, Maschinen- und Verwaltungsgebäude. Zudem eine sogenannte Kaldaunenwäscherei, in der Pansen von Wiederkäuern gereinigt und für den menschlichen Gaumen genießbar gemacht wurde.

Wer sich eher für Architektur als für Innereien erwärmen kann, der sollte sich einfach die alte Viehmarkthalle im Heute näher anschauen – außen wie innen. Insbesondere der offene, weite, überwölbte Innenraum, der die Konstruktion des Baus prägt, überzeugt. Glücklicherweise wurde das Gebäude nicht nur umfassend saniert, sondern fand auch wieder geeignete Nutzer. Selten bereitet ein Blick »gen Himmel« beim Einkauf so viel Freude.

Adresse Schlachthofstraße 66, 56073 Koblenz | **ÖPNV** Bus 3, 13, 301, 343, 355, Haltestelle Ludwig-Erhard-Straße | **Öffnungszeiten** von außen jederzeit zu besichtigen, ansonsten Mo–Sa 7–21 Uhr | **Tipp** Wer schon immer einen Bogen selbst schnitzen wollte, der sollte einen Kurs bei Stefan Klein, dem Spezialisten für Lang- und Primitivbögen, buchen. Er baut natürlich auch welche auf Kundenwunsch. Ein Besuch in seiner Bogenmanufaktur-Werkstatt (Bardelebenstraße 24) ist jederzeit nach Anmeldung möglich (siehe www.bogenmanufaktur-koblenz.eu).

102 Die Villa Borussia

Ziegel in und aus Metternich

Im Grunde ist die sogenannte Villa Borussia nur ein Beispiel unter vielen repräsentativen Häusern in Metternich, die aus Ziegeln gemauert sind – wenn auch ein besonders ansehnliches und gut erhaltenes. Für Architektur- wie auch Kulturgeschichtsinteressierte ist der Weg dorthin sehr lohnenswert.

Hoch über dem Moselufer in Richtung Lützel steht auf der rechten Seite der unteren Trierer Straße dieser späthistoristische Sichtziegelbau aus dem Jahr 1898. Seine Wirkung erzielt er nicht nur durch die schiere Größe und die gestaffelte Massengliederung, sondern auch und insbesondere durch die Farbigkeit, die in ausgewogenen Ocker-Beige-Nuancen daherkommt. Den Mittelteil des Baus zieren gut sichtbare Lettern, die den Namen des Hauses öffentlich machen: Villa Borussia. Gegen Ende des 19. Jahrhunderts bauten sich in dieser Ecke von Metternich preußische Offiziere prächtige Wohnhäuser. Sogar eine ganze Villenkolonie soll existiert haben. Auch die Villa Borussia ist wohl in diesem Kontext zu sehen, zumal das Wort »Borussia« nichts anderes bedeutet als »Preußen«.

Die charakteristische Ziegelbauweise ist nun ganz typisch für Metternich. Um die vorletzte Jahrhundertwende waren nämlich alleine in diesem Ort vier Ziegeleien ansässig. Im Raum Koblenz soll es mindestens acht produzierende Betriebe gegeben haben. Unter anderem ist dies mit dem hohen Vorkommen an Löss in der Gegend zu erklären: Sogenannter Lösslehm ist zur Herstellung von Ziegeln prädestiniert. Ganz in der Nähe, im Süden von Metternich, liegt heute ein etwa zwei Hektar großes Naturschutzgebiet, das »Eiszeitliche Lößprofil«, das dies eindrücklich belegt.

Der Bedarf an Ziegeln als Baumaterial muss tatsächlich enorm gewesen sein. So wurden eigens Saisonarbeiter aus dem Fürstentum Lippe zur Arbeit in den Fabriken angeheuert. Diesen »Lippischen Zieglern« erbaute man Ende des 19. Jahrhunderts gar ein protestantisches Gotteshaus: die Zieglerkirche.

Adresse Trierer Straße 54, 56072 Koblenz | ÖPNV Bus 330, 339, 357, 370, Haltestelle Carl-Welty-Straße | Öffnungszeiten nur von außen zu besichtigen (Privatbesitz) | Tipp Die 1898 von dem Koblenzer Architekten Rudolph Farchland errichtete Zieglerkirche (Trierer Straße 141) ist ein hübscher, neoromanischer Saalbau mit Rundturm.

103 Das wahre Deutsche Eck

Wo Mosel und Rhein sich einst vereinten

Das Deutsche Eck glaubt jeder zu kennen: Die spitze Landzunge mitsamt Kaiser-Wilhelm-Denkmal am Zusammenfluss von Rhein und Mosel ist ein Wahrzeichen der Stadt. Tatsächlich liegt das ursprüngliche Deutsche Eck an einem anderen, nicht weit entfernten Ort.

An dem Kap, wie wir es heute kennen, befand sich ursprünglich an etwa gleicher Stelle eine inselartige Sandbank. Im 19. Jahrhundert verband man diese über eine Mole mit dem Festland und legte einen kleinen Nothafen an. Diese Verbindung wurde »Honsschwanz« (Hundsschwanz) genannt, weil sich hier der letzte Ausläufer des Hunsrücks befindet. Um das Ehrenmal für Kaiser Wilhelm I. an diesem prominenten Flecken aufstellen zu können, wurde der Hafen zugeschüttet und so das benötigte Gelände geschaffen. Im Jahr 1897 erfolgte die Einweihung des Reiterstandbilds.

Seinen Namen nun verdankt das Eck dem Deutschritterorden, der 1216 im damaligen Uferbereich an der Einmündung der Mosel in den Rhein seine erste Niederlassung im Rheinland gründete: die Deutschordenskommende Koblenz. Das bebaute Areal wurde folglich als »Deutscher Ordt« bezeichnet, woraus im weiteren Verlauf »Deutsches Eck« wurde, was wiederum auf die spätere künstliche Landzunge samt Kaiser übertragen wurde.

Einige Bauteile der einstigen Anlage des Deutschen Ordens sind erhalten oder wurden nach dem Zweiten Weltkrieg wiederaufgebaut: Sie liegen zwischen dem Wilhelm-Denkmal und der Kastorkirche. Insbesondere das ehemalige Hauptgebäude, das Deutschherrenhaus, ist zu nennen: In diesem befindet sich seit 1992 das auf französische Kunst nach 1945 fokussierte Ludwig Museum, das von dem bedeutenden Sammlerehepaar Peter und Irene Ludwig initiiert wurde. Auf dem Areal ist im Verbund der historischen Stadtmauer zudem das alte schwarze Kreuz des Deutschherrenordens zu sehen. Dort befand sich einst der Zusammenfluss von Rhein und Mosel, und hier liegt das wahre Deutsche Eck.

Adresse Esther-Bejarano-Str. 1, 56068 Koblenz | **ÖPNV** Bus 1, 11, Haltestelle Deutsches Eck/Seilbahn | **Öffnungszeiten** jederzeit zu besichtigen | **Tipp** »Gerhards Genussgesellschaft« im Blumenhof nahe dem Deutschen Eck: fein essen im stilvollen Gewölberestaurant oder auf der sehr schönen Terrasse (herrliche Atmosphäre am Abend).

104_Die Wahrschaustation

Vorsicht beim Schiffsverkehr

Der Mittelrhein zwischen Bingen und Bonn gilt aufgrund von Strömungsstärke, Kurvenenge und unberechenbaren Untiefen als besonders gefährlich. Die Story von der schönen, aber tückischen Loreley kommt nicht von ungefähr. Seit jeher erforderte der Flussabschnitt eine gute Lotsenarbeit. In der Seemannssprache bedeutet »wahrschauen« schlicht warnen oder instruieren. Eine Wahrschaustation dient also dazu, den Schiffsverkehr aufmerksam zu beobachten und im Bedarfsfall Warnzeichen zu geben. Heute wird meist über Lichtsignale kommuniziert, früher wurden Flaggen gehisst.

Am rechtsrheinischen Ufer in Pfaffendorf steht noch ein hübsches Relikt aus der alten Wahrschau-Zeit: ein kleines Ein-Raum-Backsteinhäuschen, das zwar schon lange ausgedient hat, dessen Geschichte aber einen interessanten Einblick in die mit der Stadt verbundene Schifffahrt gewährt. Von 1907 bis 1947 diente es als Signalstelle für die circa zwei Kilometer rheinabwärts gelegene Schiffbrücke. Jene bemerkenswerte Brücke gab es seit 1819: Sie bestand aus 36 hölzernen Kähnen, später eisernen Pontons, die mit Planken überspannt waren und so die Überfahrt von Koblenz nach Ehrenbreitstein ermöglichten. Wenn Schiffe nahten, wurden zwei oder drei Joche der Brücke ausgefahren.

Das Wahrschauen spielte dabei eine wichtige Rolle. Der Lotse informierte per Telefon die Schiffbrücke über stromabwärts fahrende Schiffe – und gab an die Kapitäne dann mittels Flagge das Signal zur Weiterfahrt oder zum Halten. Unbedingt vermieden werden musste etwa, dass zwei Schiffe an der Brücke aufeinandertrafen, denn ihre Öffnung war zu eng, als dass mehrere gleichzeitig hätten passieren können.

Nachdem die Schiffbrücke 1945 zerstört worden war, wurde eine neue Pontonbrücke errichtet. Schon kurz darauf wurde sie aber wieder aufgegeben. Die Wahrschaustation hatte damit ihre Funktion verloren. Glücklicherweise aber kümmert man sich gut um sie.

Adresse Emser Straße 176 (gegenüber), 56076 Koblenz | ÖPNV Bus 6, Haltestelle Emser Straße | Öffnungszeiten nur von außen zu besichtigen | Tipp Etwa in Höhe des linksrheinischen Pegelhäuschens (Rheinanlagen) erinnern die beiden erhaltenen Brückenhäuser, Reste der Brückenverankerung und eine Infotafel an die einstige Schiffbrücke.

105 Das Wartesälchen

Relikt aus der Straßenbahnära

Wer heute am einstigen »Wartesälchen« vorbeigeht, dem mag das Herz bisweilen bluten. Von 2014 bis 2016 war das charmante Café der Hingucker auf der Verkehrsinsel am Friedrich-Ebert-Ring. Untergebracht war es in einem einstigen Verkaufspavillon für Tabakwaren, der 1950 nach Plänen des Architekten Otto Schönhagen errichtet worden war. Nach mehrmaliger Umnutzung befindet sich in dem kleinen Gebäude nun ein Dönerladen, wogegen prinzipiell nichts einzuwenden ist.

Schade ist nur, dass die Ästhetik des 2013 sanierten Juwels aus der Straßenbahnära bei der jüngsten Umgestaltung doch arg gelitten hat. Statt der nostalgischen, warm leuchtenden »Wartesälchen«-Reklame, die mit der 50er-Jahre-Architektur gut harmonierte, prangt nun der Schriftzug des »Bestaurants« in grellorangen Lettern über dem markanten Tellerdach. Überdies wurde die Inneneinrichtung zuungunsten des Gesamteindrucks verändert. Kann man auch die jetzigen Nutzer irgendwie verstehen, die im Umkreis von Koblenz mehrere Imbisse betreiben und den »Kettencharakter« sichtbar machen wollten, so hätte man sich doch den Einspruch der Kulturgutschützer gewünscht.

Offenbar beziehen sich die Auflagen des Denkmalschutzes jedoch lediglich auf die grundsätzliche Wahrung der äußeren Form. Schon der Einsatz von Plastikfenstern, die im Zuge der Sanierungsarbeiten 2013 eingebaut wurde, ist zweifelhaft. Aber wie dem auch sei: Wenigstens gibt es keinen Leerstand. Dieses Schicksal drohte nämlich noch 2011, als der zuletzt betriebene Zeitungskiosk aufgegeben wurde. Die Zukunft des seinerzeit desolaten Gebäudes war ungewiss. Bis sich die Stadt und ein Koblenzer Geschäftsmann des Fifties-Relikts annahmen und darin das »Wartesälchen« eingerichtet wurde. Ist das Café auch längst wieder Geschichte, so war die substanzerhaltende Maßnahme doch ein riesiges Glück! Denn Architekturen dieser Art und Zeit sind rar, nicht nur in Koblenz.

Adresse Friedrich-Ebert-Ring 60/Ecke Löhrstraße, 56068 Koblenz | **ÖPNV** alle Buslinien, Haltestelle Bahnhof Stadtmitte/Löhr-Center | **Öffnungszeiten** von außen jederzeit zu besichtigen | **Tipp** Das traditionsreiche »Café Baumann« (Löhrstraße 93), das ebenfalls nostalgischen Charme versprüht, wenn auch einen ganz anderen. Dort gibt es eine große Auswahl an ausgezeichneten Kuchen, Torten, Trüffeln und Pralinen aus eigener Herstellung.

106 Die Wehrtechnische Studiensammlung

Wer wird denn gleich in die Luft gehen?

In ihrem grünen Anstrich mit den gelben und roten Akzentsetzungen sieht die auf dem Außengelände der Wehrtechnischen Studiensammlung stehende britische Luftmine des Typs »HC 4.000 LB« erschreckenderweise sehr ästhetisch aus. Sie ist ein echter Trumm, das ist klar. Aber zuerst nimmt man das – mit Sinn für Proportion und Farbigkeit gestaltete – Kriegswerkzeug schlicht in seiner äußeren Erscheinung und als inhaltliches Abstraktum wahr. Erst nach und nach wird die Bedeutung dessen, was die Augen sehen, klarer. Und dann wird man sich plötzlich konkret dessen bewusst, was solch eine dicke Bombe anrichten konnte. Spätestens dann bleibt nur noch das nackte Grauen.

Während des Zweiten Weltkriegs warf die britische Royal Air Force etwa 68.000 Luftminen dieses 1.800 Kilogramm schweren Bombentyps ab, der seltsamerweise »Cookie« genannt wird. Die Druckwellen, die eine solche bei Explosion auslöste, zerstörten Häuser wie Menschen über einen Radius von mehreren 100 Metern hinweg. Die größte Evakuierungsaktion der in dieser Hinsicht wirklich gebeutelten Stadt Koblenz nach 1945 wurde von einem Blindgänger dieses Typs verursacht: Im Dezember 2011 mussten 45.000 Einwohner vorübergehend ihre Privatwohnungen verlassen beziehungsweise aus Krankenhäusern, Altenheimen und Gefängnissen gebracht werden, weil im Rheinbett bei Pfaffendorf unter anderem eine »HC 4.000 LB« aus dem Zweiten Weltkrieg mit 1.500 Kilogramm Torpex-Sprengstoff im Bauch entschärft werden musste.

Solche Bomben und vielerlei mehr Wehrtechnik gibt es in der Koblenzer WTS zu sehen, darunter Ketten-, Rad- und Luftfahrzeuge, Handfeuer- wie Maschinenwaffen, aber auch Fernmelde- und Elektronikgeräte. Seit 1982 ist die, ursprünglich lediglich zu Studienzwecken eingerichtete, umfangreiche und einzigartige Sammlung für die Öffentlichkeit zugänglich.

Adresse Mayener Straße 85, 56070 Koblenz | ÖPNV Bus 5, 15, Haltestelle Langemarckplatz | Öffnungszeiten Aktuelles auf der Internetseite des Vereins der Freunde und Förderer der Wehrtechnischen Studiensammlung Koblenz e. V. (www.vffwts.de) | Tipp Der Lützeler Volkspark auf dem Petersberg, der auf den Resten der Bubenheimer Flesche, eines geschleiften preußischen Festungswerks, das zum System Feste Kaiser Franz gehörte, angelegt wurde.

107 Das Weindorf

Nostalgisches Vergnügungslokal ohne Weinzwang

In einer Stadt, in der zwei Flüsse zusammenfließen, die – jeder auf seine Art – für deutsche Weinkultur stehen, sind Weinlokale selbstverständlich. In der Innenstadt gibt es sie zahlreich und in den noch mit Wingerten gesegneten Ortsteilen, wie Güls oder Moselweiß, sowieso.

Die historisch interessanteste unter diesen »Bacchus-Institutionen« ist vermutlich das Weindorf in den Rheinanlagen. Wie sein Name bereits vermuten lässt, bietet es gleich mehrere Häuser, nämlich vier an der Zahl, die allesamt um einen baumbestandenen, schattigen Innenhof gruppiert sind. Die in verschiedenen Stilen errichteten Gebäude sollen typische Winzerhäuser aus deutschen Qualitätsweinbaugebieten repräsentieren: Mosel-Saar-Ruwer, Württemberg-Baden, Mittelrhein-Ahr-Siebengebirge sowie Pfalz-Nahe-Rheingau. Natürlich kredenzt man im Weindorf Tropfen aus all diesen Regionen.

Tatsächlich mutet das Gebäudeensemble älter an, als es ist. Die heutigen Bauten rekurrieren nämlich auf die im Zweiten Weltkrieg komplett zerstörten Häuser des Ur-Weindorfs, das 1925 im Kontext der »Reichsausstellung Deutscher Wein«, die in Koblenz stattfand, erbaut wurde. Nach dem Krieg führte wohl nicht zuletzt der nostalgische Wunsch, diese erfolg- und besucherreiche Zeit erneut aufleben zu lassen, zum partiellen Wiederaufbau, der bereits in den 1950ern erfolgte.

Der ein oder andere mag nun an dieser Lokalität insbesondere den dahinterliegenden Weinberg, das sogenannte »Koblenzer Schnorbach-Bruchstück«, spannend finden. Dies zu Recht, ist er doch die kleinste registrierte Einzellage in ganz Deutschland. Auf einer Fläche von 1.500 Quadratmetern kümmert sich ein Gülser Moselwinzer in reiner Handarbeit um 750 Stöcke – und ist so zugleich Rheinwinzer. Aus den dort gedeihenden Trauben wird ein gefälliger Weißburgunder gekeltert. Was bleibt da noch zu sagen? Auf ins Weindorf zur Verkostung mit Blick auf die Herkunftslage!

Adresse Julius-Wegeler-Straße 2, 56068 Koblenz, www.weindorf-koblenz.de | **ÖPNV** Bus 5, 6, 7, 8, 9, 10, 15, 19, 21, 33, Haltestelle Rhein-Mosel-Halle, von dort 5 Minuten Fußweg | **Öffnungszeiten** wechselnde Öffnungszeiten (siehe Internetseite) | **Tipp** Südlich davon steht der nicht wirklich schöne Weinbrunnen, der 1928 nach Plänen des Mayener Bildhauers Carl Burger geschaffen wurde. Er ist im Zusammenhang mit der Geschichte des Weindorfs zu betrachten.

108_Die Widerstandskämpfer

Stolpersteine für das Ehepaar Hoevel

Im Jahr 2015 erst gab es eine Neuverfilmung des 1958 erstveröffentlichten und populären Romans »Nackt unter Wölfen« von Bruno Apitz. Die zwischen Wahrheit und Fiktion angelegte Erzählung spielt im KZ Buchenwald, in dem der kommunistische Apitz selbst inhaftiert war. Teils hat der Autor die von ihm geschaffenen Figuren nach einstigen Mitinsassen benannt, denen er damit eine Art literarisches Ehrenmal setzen wollte. So taucht auch der Name des Häftlings »Höfel« auf, der tatsächlich – wie im Buch beschrieben – in der Effektenkammer des Lagers gearbeitet hat.

Diese Romanfigur ist dem in Trier geborenen André Hoevel gewidmet. Er und seine Kölner Frau Anneliese waren überzeugte Kommunisten und Widerstandskämpfer. André und Anneliese lernten sich in den 1920ern kennen, traten später der KPD bei und engagierten sich politisch. Im Januar 1933 wurde André, der bei Opel in Rüsselsheim arbeitete, deshalb entlassen. Es folgten Jahre der Verfolgung und Inhaftierung in diversen Zuchthäusern und Konzentrationslagern – für beide.

Nachdem sie 1939 wieder zusammentrafen, schlossen sie sich einer Widerstandsgruppe an, die in der Antikriegspropaganda aktiv war. Man hörte zu diesem Zweck auch ausländische Radiosender. Ende 1941 wurde das Paar erneut verhaftet und im Juni 1942 vor dem Oberlandesgericht Kassel wegen »Vorbereitung eines hochverräterischen Unternehmens in Tateinheit mit Rundfunkverbrechen« zum Tode verurteilt. Am 28. August 1942 wurden André und Annemarie Hoevel in Frankfurt-Preungesheim mit dem Fallbeil hingerichtet.

In Koblenz erinnern heute zwei Stolpersteine an die von den Nazis ermordeten Eheleute. Die Gedenkquader liegen im Gehweg der Trierer Straße in Höhe Hausnummer 97. Denn dort stand einmal das Haus, in dem das Paar zuletzt zusammengelebt hat und seit 1939 den Obst- und Gemüseladen von Andrés verstorbenem Schwager weitergeführt hatte.

Adresse Trierer Straße 97, 56072 Koblenz | **ÖPNV** Bus 5, 15, 340, 350, 353, 359, 380, Haltestelle Closterbrauerei | **Öffnungszeiten** frei zugänglich | **Tipp** Das sogenannte Schönbornbrünnchen (Geisbachstraße) fasst die Geisenbornquelle am Fuße des Kimmelbergs ein. Seit 1786 speiste diese die erste kurfürstliche Wasserleitung der Stadt, die im Auftrag von Kurfürst Clemens Wenzeslaus von Sachsen gebaut wurde. Überragt wird das Brunnenstübchen von einem Wasser- und Belüftungsturm.

109 Das Windrad

Im Dienst des Weidtmann'schen Schlösschens

Auf den Höhen oberhalb von Metternich steht ein uriges Western-Windrad inmitten von Wiesen und Feldern. Gesellschaft leisten dem Bauwerk drei alte Bäume, in denen früh am Morgen zahlreiche Spatzen zwitschern und umherflattern. Zwischendurch springen ein paar von ihnen auf die Querverstrebungen des stillstehenden Rads, das Ruhe ausstrahlt. Es gilt als eines der Wahrzeichen des heutigen Stadtteils Metternich, aber selbst unter den Koblenzern werden nur wenige wissen, was es damit auf sich hat.

1912 wurde das Windrad für den Ingenieur und Regierungsbaurat Max Weidtmann – wohl nach eigenen Plänen – errichtet. An der 15 Meter hohen Stahlkonstruktion ist ein Vielblattrotor mit Fahne zur Windrichtungsnachführung angebracht. Diese sogenannten Western-Windräder wurden im Laufe des 19. Jahrhunderts in Nordamerika entwickelt und zu Beginn meist als Antrieb für ein Pumpwerk genutzt, das der Be- und Entwässerung dienen sollte.

Auch das Koblenzer Rad erfüllte lange Zeit diese Funktion. Viele Jahre versorgte es das nahebei liegende Weidtmann'sche Schlösschen mit frischem Wasser. Der Name weist bereits darauf hin, dass der Bauherr des Windrads auch der Eigentümer des Schlösschens war. Auf Grundlage vorhandenen Altbestands ließ Max Weidtmann sein Schlösschen respektive seine Villa in den Jahren 1910 bis 1912 im neobarocken Stil – vermutlich von den Koblenzer Architekten Huch & Grefges – erbauen. Zum Anwesen gehörten eine weitläufige Gartenanlage sowie das abseits stehende Westernrad mit Pumpe. Der in Metternich auch als Wohltäter hervorgetretene Weidtmann lebte hier bis zu seinem Tod 1921.

Seit 1950 befinden sich Villa und dazugehöriges Gelände im Besitz der Schönstätter Marienschwestern, die hier ihr Provinzialhaus eingerichtet haben. Die schöne Gartenanlage – mit Brunnen, Pergolen und Kapelle – ist frei zugänglich und lädt zum Lustwandeln ein.

Adresse Trierer Straße (hinter dem Weidtmann'schen Schlösschen mit Nummer 388), 56070 Koblenz | ÖPNV Bus 4, 14, Haltestelle Neugasse, von dort 15 Minuten Fußweg | Öffnungszeiten frei zugänglich | Tipp Die »Metternicher Eule« auf dem Kimmelberg: ein preußisches Krieger-Ehrenmal von 1913, bekrönt mit einem Adler. Viele sehen in dem Vogel eher eine Eule, was die Namensgebung erklärt. Der Metternicher Wohltäter Max Weidtmann förderte den Bau mit viel Geld.

110 Das Wirtschaftswunder

Hemmungslos modern im Fifties-Style

Schwarz-goldene Nierentische, extravagante Sputnik-Leuchten, Tüten-Lampen in Regenbogenfarben, rote Kunstledersofas, pastellige Wanduhren, kitschige Perückenköpfe mit Leopardenmütze und vielerlei Deko-Objekte und Kuriositäten aus den 1950ern und 1960ern findet der Mid-Century-Anhänger im »Wirtschaftswunder«-Paradies von Patrick Sauter. Ein gut sortiertes, inspirierendes und »hemmungslos modernes« Fachgeschäft in Rauental, das schon beim ersten Blick durchs Schaufenster zum Eintreten, Stöbern und Erstehen animiert.

Im Herbst 2015 eröffnete der diplomierte Architekt seinen Eckladen in der Moselweißer Straße. Die Sammelleidenschaft hat ihn aber schon viel früher gepackt. Seit mittlerweile 30 Jahren sucht, kauft und hortet er Dinge aus seiner Lieblingsära, vor allem den Fifties, aber auch den Sixties. Sauter mag das Design der Zeit besonders aufgrund der Farbigkeit und Leichtigkeit. Allein ist er mit seiner Vorliebe nicht. Seit Jahren boomen die 1950er, sind gerade en vogue – und das nicht nur unter Designfreaks, sondern auch in Otto Normalkreisen. Die Geschäfte laufen entsprechend gut, und zu tun gibt es immer genug. Neben seiner Präsenz und Arbeit vor Ort, die im Bedarfsfall auch kenntnisreiche Beratung impliziert, ist Sauter zudem im Internet, auf Börsen und Märkten unterwegs, um typische, ausgefallene und seltene Objekte aufzutreiben.

Sind die erstandenen Stücke nicht im besten Zustand, dann kümmert er sich ebenso respekt- wie hingebungsvoll um die alten Schätzchen und bringt sie wieder auf Hochglanz. Das meiste macht er dabei in Handarbeit. Manchmal fällt es ihm danach verständlicherweise nicht ganz leicht, die Dinge loszulassen und sie zu verkaufen. Die anhaltende Faszination für das Thema ist spürbar, im Gespräch mit Sauter wie mit Blick auf die ausgesuchten, gepflegten Objekte in seinem bunten, nostalgischen und charmanten »Wirtschaftswunder«-Laden.

Adresse Moselweißer Straße 22, 56073 Koblenz, www.wirtschaftswunder-koblenz.de | ÖPNV Bus 4, 6, 14, 16, 301, Haltestelle Franz-Weis-Straße | Öffnungszeiten Mi–Fr 13–18 Uhr, Sa 12–15 Uhr | Tipp Der moderne Showroom der namhaften Canyon-Manufaktur (KarlTesche-Straße 12), in dem es die perfekt designten und qualitativ hochwertigen Räder der Marke Canyon zu sehen und zu testen gibt.

111 Zur schönen Liebe

Ittenbachs apokalyptisches Weib

Nein, es handelt sich hierbei nicht um ein Bordell, sondern um eine Kapelle – und in dieser geht es ganz christlich zu! So steht über dem einfachen Altartisch in klaren Worten schwarz auf beige: »Ich bin die Mutter der schönen Liebe« – und damit ist Maria, die Gottesgebärerin, gemeint. Auch der kleine Sakralbau trägt den seltenen Namen »Mutter der schönen Liebe«. Schon im 16. Jahrhundert gab es hier im Stadtteil Arzheim eine Kapelle. Nach deren Zerstörung errichtete man den heutigen Bau in den 1840er Jahren.

Die Arzheimer haben sich dabei nicht lumpen lassen: Zur Ausgestaltung des Innenraums wurde 1847 niemand Geringerer als der berühmte Maler Franz Ittenbach engagiert. Dieser arbeitete zur gleichen Zeit, zusammen mit anderen Künstlern, die wie er der Gruppe der Düsseldorfer Nazarener angehörten, an der Ausmalung der ungleich berühmteren Apollinariskirche in Remagen.

Das Koblenzer Fresko nun zeigt Maria als Mondsichelmadonna oder auch »apokalyptisches Weib« über dem heutigen Stadtteil Ehrenbreitstein schweben. Sie hat ihre Arme weit ausgebreitet, um schutzbedürftige Schäfchen zu umfangen – eine liebende Mutter eben. Das Motiv des »apokalyptischen Weibs« geht auf die Johannesoffenbarung zurück, in der eine von einem Drachen verfolgte, schwangere Frau beschrieben wird, die auf einer Mondsichel steht und von Sonnenstrahlen umgeben ist. In der frühchristlichen Zeit sah man darin ein Symbol für die Kirche, erst später wurde die Vorstellung mit der Person Mariens verknüpft.

Übrigens wandten sich die Nazarener sowohl stilistisch wie auch motivisch der italienischen und deutschen Kunst des frühen 16. Jahrhunderts zu. Betont befassten sie sich mit religiösen Inhalten und in ihrer Kunst trat das zeichnerische Element vor das malerische. All diese Merkmale lassen sich auch bei der Betrachtung von Ittenbachs »apokalyptischem Weib« ausmachen. Klares Motiv, klare Linie, klare Worte: Passt doch!

Adresse Kreisstraße (gegenüber Hausnummer 34), 56077 Koblenz | ÖPNV Bus 10, 29, Haltestelle Am Kapellchen | Öffnungszeiten Mo–So 8.30–18 Uhr | Tipp In angenehmer Atmosphäre einen guten Tropfen genießen im benachbarten Stadtteil Ehrenbreitstein, etwa im »Weinhaus Wagner« (Mühlental 23).

1
108
102
Trierer Straße
Mayener Straße
106
Mosel
Andernacher Straße
39
3
22
Balduinbrücke
101
RAUENTAL
94
Peter-Altme
Saarplatz
110
5
19
Pfuhlgasse
Moselweißer Straße
Ferdinand-Sauerbruch-Straße
Viktoriastraße
Koblenzer Straße
Lindenstraße
Friedrich-Ebert-Ring
GOLDGRUBE
Beatusstraße
Beatusstraße
2
40
55
45
Hohenzollernstraße
Mainzer Straße
Haupt-bahnhof
50
Ludwigstraße
63
Simmerner Straße
65
53
3
SÜDLICHE VORSTADT
KARTHAUSE
Berliner Ring
24
Rheinau

2
NIEDERBERG
LÜTZEL
Rhein
Hofstraße
Greiffenklaustraße
Arenberger Straße
Festungs-
park
59
77
Deutsches
Eck
ALTSTADT
Karmeliterstraße
Mühlental
Obertal
61
42
Brentanostraße
EHRENBREITSTEIN
Kreisstraße
69
111
Blindtal
ARZHEIM
Neustadt
79
Emser Straße
52
Am Pfaffendorfer Tor
Lindenallee
97
58
Sophie-v.-L.-Roche-Straße
23
ASTERSTEIN
Lehrhohl
Rhein
68
Lehrhohl
Emser Straße
12
PFAFFENDORF
Bienhornbach
Auf der Fußsohl
Ravensteynstraße
N
0
200 m
104
PFAFFENDORFER HÖHE

3
Balduinbrücke
Mosel
Deutsches Eck
Peter-Altmeier-Ufer
Kastorstraße
Am Alten Hospital
ALTSTADT
Altenhof
Am Plan
Entenpfuhl
Firmungstraße
Josef-Görres-Platz
Konrad-Adenauer-Ufer
Pfuhlgasse
Schanzenpforte
Karmeliterstraße
Richard-Wilke-Platz
Zentralplatz
Casinostraße
Löhrstraße
Stresemannstraße
Löhrrondell
Viktoriastraße
Schloßstraße
Neustadt
Friedrich-Ebert-Ring
Schloss
Rhein
Pfaffendorfer Brücke
Rizzastraße
Roonstraße
Südallee
Kurfürstenstraße
Kaiserin-Augusta-Anlagen
N
0
100 m

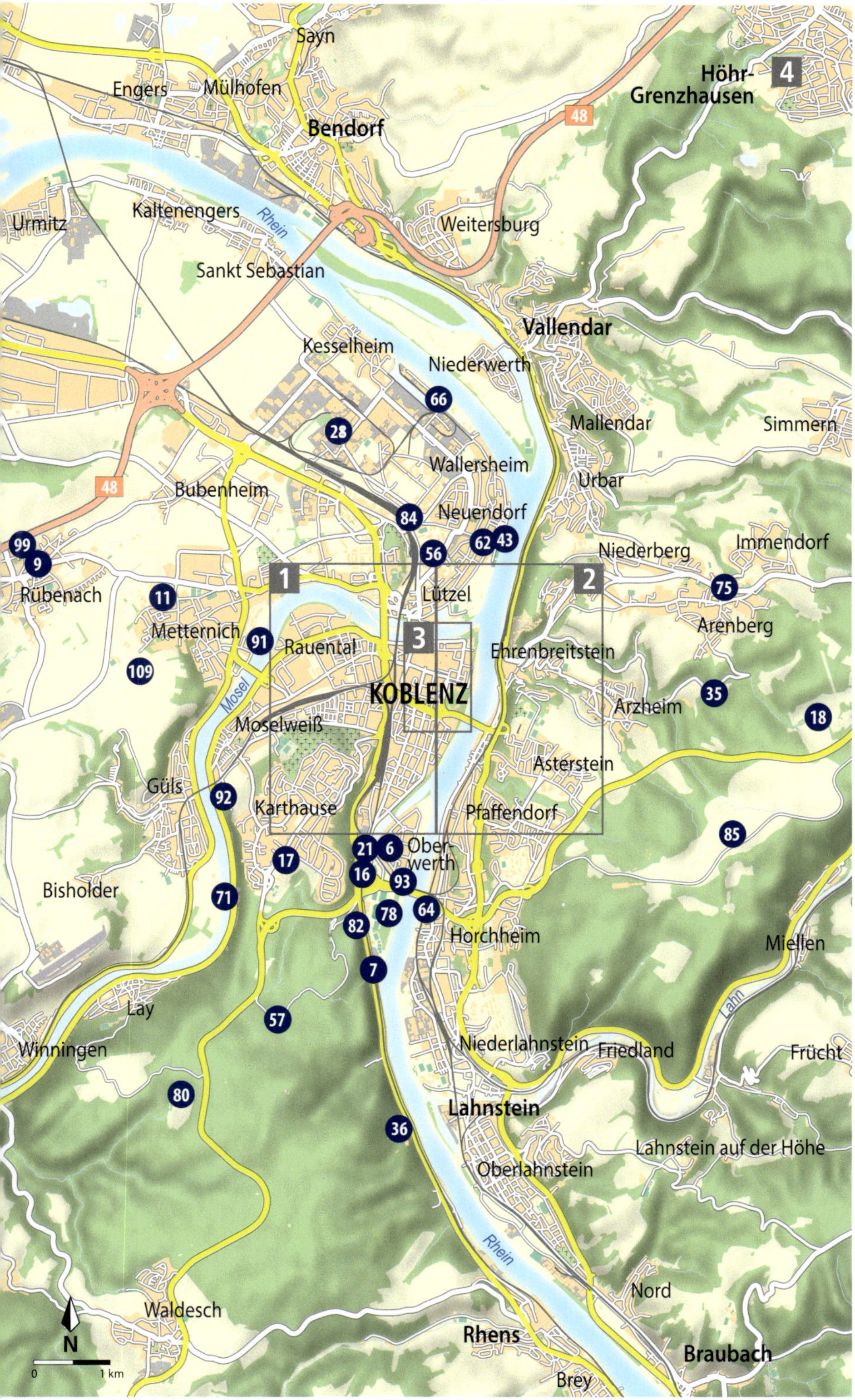
Sayn
Engers
Mülhofen
Bendorf
Höhr-
Grenzhausen
4
48
Urmitz
Kaltenengers
Rhein
Weitersburg
Sankt Sebastian
Vallendar
Kesselheim
Niederwerth
66
Mallendar
Simmern
28
Wallersheim
48
Bubenheim
Urbar
84
Neuendorf
62
43
Immendorf
99
9
Niederberg
56
Rübenach
11
1
Lützel
2
75
Metternich
91
Rauental
3
Arenberg
Ehrenbreitstein
109
Mosel
KOBLENZ
35
Arzheim
18
Moselweiß
Asterstein
Güls
92
Karthause
Pfaffendorf
85
21
6
Ober-
werth
17
16
93
Bisholder
71
78
64
82
Horchheim
Miellen
7
Lahn
Lay
57
Winningen
Niederlahnstein
Friedland
Frücht
80
Lahnstein
36
Lahnstein auf der Höhe
Oberlahnstein
Rhein
Nord
Waldesch
N
Rhens
Braubach
0
1 km
Brey

Peter Bieg, Maximilian Staub
111 Orte in Trier, die man gesehen haben muss
ISBN 978-3-7408-1294-2

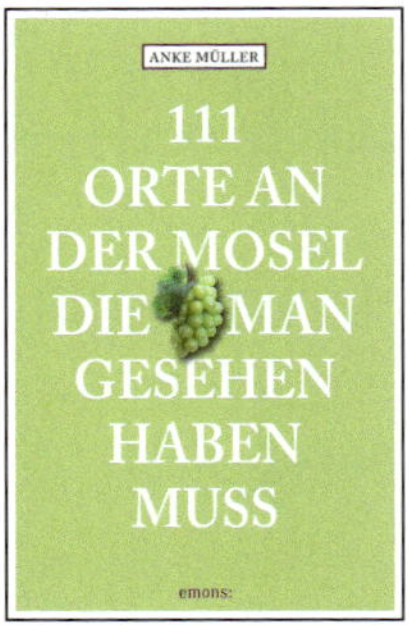

Anke Müller
111 Orte an der Mosel, die man gesehen haben muss
ISBN 978-3-95451-325-3

Elisabeth Friesenhahn, Peter Friesenhahn
111 Orte im Hunsrück, die man gesehen haben muss
ISBN 978-3-7408-1090-0

Christina Kuhn, Christian Löhden
111 Orte in der Pfalz, die man gesehen haben muss
ISBN 978-3-7408-1783-1

Stefanie Jung
111 Orte in Rheinhessen, die man gesehen haben muss
ISBN 978-3-7408-1307-9

Stefanie Jung
111 Orte in Mainz, die man gesehen haben muss
ISBN 978-3-95451-041-2

Bernd Imgrund
111 Orte in der Eifel, die man gesehen haben muss
ISBN 978-3-7408-1677-3

Ursula Gilbert, Michael Klein
111 Orte im Siebengebirge, die man gesehen haben muss
ISBN 978-3-7408-1871-5

Bernd Imgrund, Britta Schmitz
111 Kölner Orte, die man gesehen haben muss, Band 1
ISBN 978-3-7408-0801-3

Bernd Imgrund, Britta Schmitz
111 Kölner Orte, die man gesehen haben muss, Band 2
SBN 978-3-7408-1831-9

Bernd Imgrund, Nina Osmers
111 Orte im Kölner Umland, die man gesehen haben muss
ISBN 978-3-89705-777-7

Peter Eickhoff
111 Orte am Niederrhein, die man gesehen haben muss
ISBN 978-3-89705-815-6

Alexander Barth, Eckhard Heck
111 Orte in Aachen und der Euregio, die man gesehen haben muss
ISBN 978-3-89705-931-3

Ralf Koss, Stefanie Kuhne
111 Orte im Bergischen Land, die man gesehen haben muss
ISBN 978-3-7408-1673-5

Eckhard Heck
111 Orte in Bonn, die man gesehen haben muss
ISBN 978-3-7408-1418-2

Paul Stänner
111 Orte im Münsterland, die man gesehen haben muss
ISBN 978-3-7408-1833-3

Markus Danner, Johannes Seibt
111 Orte in Leverkusen, die man gesehen haben muss
ISBN 978-3-95451-849-4

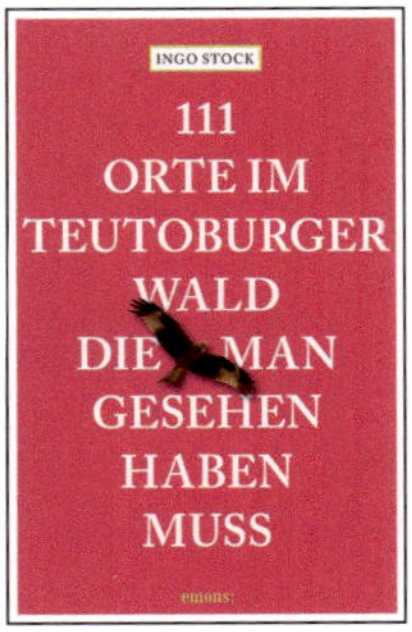

Ingo Stock
111 Orte im Teutoburger Wald, die man gesehen haben muss
ISBN 978-3-7408-1715-2

Peter Gitzinger
111 Orte im Saarland, die man gesehen haben muss
ISBN 978-3-7408-1265-2

Peter Gitzinger
111 Orte im Saarland, die man gesehen haben muss, Band 2
ISBN 978-3-89705-886-6

Sonja Morawietz,
Hartmut Heinemann
111 Orte in Darmstadt, die man gesehen haben muss
ISBN 978-3-95451-920-0

HP Mayer
111 Orte im Rheingau, die man gesehen haben muss
SBN 978-3-7408-0999-7

Dietmar Hoos, Susanne Hoos
111 Orte in Kassel, die man gesehen haben muss
ISBN 978-3-7408-1879-1

Eva Wodarz-Eichner
111 Orte in Wiesbaden, die man gesehen haben muss
ISBN 978-3-7408-1634-6

Rike Wolf, Tom Wolf
111 Orte in Frankfurt, die man gesehen haben muss
ISBN 978-3-95451-342-0

Christina Marx, Ingrid Schick
111 Orte im Vogelsberg und in der Wetterau, die man gesehen haben muss
ISBN 978-3-95451-227-0

Gertrud Steiger, Joachim Steiger
111 Orte im Odenwald, Spessart und an der Bergstraße, die man gesehen haben muss
ISBN 978-3-7408-1512-7

Dorothee Fleischmann
111 Orte im Taunus, die man gesehen haben muss
ISBN 978-3-7408-1420-5

Bernd Schinner,
René Rabenbauer
111 Orte im Fichtelgebirge, die man gesehen haben muss
ISBN 978-3-7408-0741-2

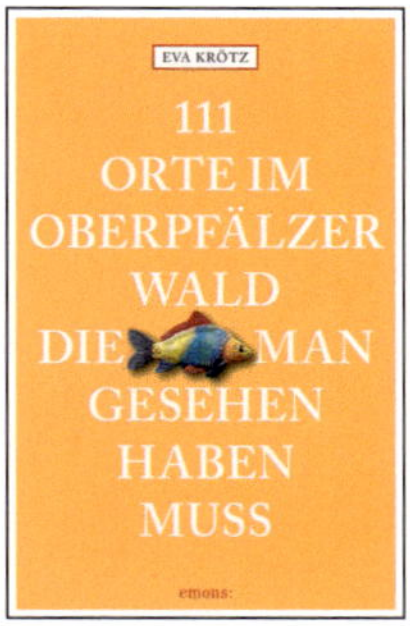

Eva Krötz
111 Orte im Oberpfälzer Wald, die man gesehen haben muss
ISBN 978-3-7408-0331-5

Sabine Becht, Sven Talaron
111 in und um Bamberg, die man gesehen haben muss
ISBN 978-3-7408-1186-0

Reiner Vogel, Maximilian Raab
111 Orte in Niederbayern, die man gesehen haben muss
ISBN 978-3-7408-1545-5

Kerstin Söder
111 Orte im Fränkischen Seenland, die man gesehen haben muss
ISBN: 978-3-7408-1072-6

Lust auf mehr? Laden Sie sich die »LChoice«-App runter, scannen Sie den QR-Code und bestellen Sie weitere Bücher direkt in Ihrer Buchhandlung.

LChoice
Hier bestellen

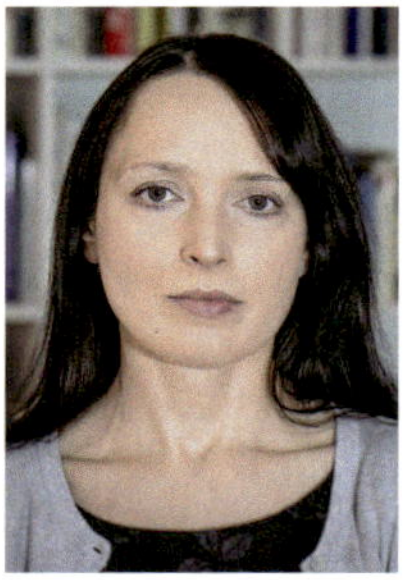

Barbara Kemmer, 1978 in Kusel geboren, studierte Kunstgeschichte, Soziologie und Ethnologie. Sie lebt in der deutsch-luxemburgischen Grenzregion. Seit 2019 unterstützt sie die Luxemburger Denkmalschutzbehörde bei der wissenschaftlichen Inventarisierung des gebauten Kulturerbes des Großherzogtums. Überdies ist sie als freie Autorin tätig.

Frank Schmitt, 1970 in Bitburg geboren, ist Architekt und Musiker. Er lebt in der Südeifel und arbeitet hauptberuflich in einem renommierten Architekturbüro im luxemburgischen Ettelbrück. Zudem ist er als freier Autor und Fotograf tätig.